新时代背景下
高校毕业生社会流动研究

焦成芳 著

东南大学出版社
SOUTHEAST UNIVERSITY PRESS
·南京·

图书在版编目(CIP)数据

新时代背景下高校毕业生社会流动研究 / 焦成芳著
. —南京：东南大学出版社，2022.12
 ISBN 978-7-5766-0676-8

Ⅰ. ①新… Ⅱ. ①焦… Ⅲ. ①大学生-毕业生-社会调查-研究-中国 Ⅳ. ①D663.9

中国版本图书馆 CIP 数据核字(2022)第 252857 号

责任编辑：陈　佳　张丽萍　责任校对：子雪莲　封面设计：毕　真　责任印制：周荣虎

新时代背景下高校毕业生社会流动研究
Xin Shidai Beijing Xia Gaoxiao Biyesheng Shehui Liudong Yanjiu

著　　者	焦成芳
出版发行	东南大学出版社
社　　址	南京市四牌楼 2 号　邮编：210096　电话：025-83793330
网　　址	http://www.seupress.com
电子邮箱	press@seupress.com
经　　销	全国各地新华书店
印　　刷	广东虎彩云印刷有限公司
开　　本	700 mm×1000 mm　1/16
印　　张	11.25
字　　数	201 千字
版　　次	2022 年 12 月第 1 版
印　　次	2022 年 12 月第 1 次印刷
书　　号	ISBN 978-7-5766-0676-8
定　　价	48.00 元

（本社图书若有印装质量问题，请直接与营销部联系。电话：025-83791830）

本研究成果为江苏省高等教育学会辅导员工作研究委员会专项课题（课题编号20FYHZD013）、江苏高校哲学社会科学研究专题项目（思政专项）（课题编号2022SJSZ1164）、扬州市职业大学学工课题（课题编号2020XGA08）的阶段性成果。

本研究成果得到2019年扬州市职业大学"青蓝工程"青年骨干教师、2022年度扬州市职业大学高水平学术专著培育、扬州市职业大学2019年校级科研团队等项目的资助。

前 言 PREFACE

就业为民生之本,一头连着万家灯火,一头系着经济大局。进入新时代以来,以习近平同志为核心的党中央把促进就业放在经济社会发展的优先位置,反复强调就业是永恒的课题,牵动着千家万户的生活,任何时候都要抓好。各地区各部门更是深入贯彻落实党中央、国务院关于"六稳""六保"的决策部署,坚决扛起稳就业、保就业的政治责任,坚持就业优先战略和积极就业政策,深入实施减负、稳岗、扩就业"组合拳",落实落细各项政策措施,推动就业局势保持总体稳定,践行以人民为中心的发展思想,推动实现更加充分、更高质量的就业,推动我国就业工作取得历史性成就。

高校毕业生是就业的重中之重。高校毕业生是国家的宝贵财富,也是国家宝贵的人才资源。高校毕业生就业既关系到实现个人价值和家庭幸福,更关乎民生福祉、国家长远发展和社会和谐稳定,也是构建"双循环"新发展格局的题中之义、应有之责。我国始终把高校毕业生就业放在就业工作的突出位置,党的二十大报告提出"实施就业优先战略",健全就业促进机制,促进高质量充分就业;2022年《政府工作报告》指出,2022年高校毕业生超过1000万人,要加强就业创业指导、提供政策支持和不断线服务。

面对百年未有之大变局,当今世界正经历着经济重心之变、政治格局之变、全球化进程之变、科技与产业之变、全球治理之变,叠加国内经济下行压力增加、高校不断扩招的影响,高校毕业生就业面临着更多的困难和挑战,结构性就业矛盾突出,摩擦性失业来势汹汹,就业形势更加严峻,高校毕业生稳就业、高质量就业成为当前社会十分关注的话题。

改革开放40多年来,相对于低流动性的"乡土中国"而言,我国经历了并正在经历着向大规模、高频率迁移的"流动中国"的转变过程。2018年新年伊始,国家主席习近平发表的新年贺词中提道:"一个流动的中国,充满了繁荣发展的活力。我们都在努力奔跑,我们都是追梦人。"2019年,《人民日报》第8版整版探讨"社会流动对中国、对中国人民的重大意义",认为"流动的中国充满繁荣发展的活力"。高校毕业生的流动,不仅有地域上的迁徙,存在大规模的横向流动,还有代际上的跨越,具有明显的纵向流动,无疑是"流动中国"中极为重要的一环。本书从社会流动的视角,对高校毕业生社会流动进行了系统研究。

本书从历史和现实维度、理论和实践维度等多角度多方位展开了研究,主要内容如下:一是从理论维度出发,对研究对象进行界定,并结合研究中涉及的社会流动、社会分层相关理论进行梳理分析,为接下来的研究打好基础。二是从历史维度出发,梳理清楚新中国成立以来我国高校毕业生社会流动的历史,并根据历史特点划分了三大历史阶段、八个历史时期。三是从全局维度出发,分析高校毕业生社会流动面临的国际国内环境深刻复杂的变化,通过国际国内两个视角研究最新发展动态,为研究成果注入新活力。四是从现实维度出发,分析高校毕业生社会流动渠道、流向分布、流动困境,梳理大学生社会流动的现状,全面分析影响高校毕业生社会流动的先赋性因素和自致性因素,深挖原因,找出存在的问题。五是从实践维度出发,建立政府、学校、企业、家庭、个人"五位一体"的对策体系,构建理想的高校毕业生社会流动机制,多方面提升大学生社会流动能力,优化人才资源配置,激发个体积极向上、开拓进取的精神,给社会有机体注入源源不断的活力。

总体来看,本书具有三个方面的特点。

一是具有较强的理论性。大学生就业是当前社会十分关注的话题,特别是进入新时代,我国高校毕业生逐年增加,世界经济复苏乏力,就业形势也更加严峻。将社会流动理论、社会分层理论等作为研究大学生就业的理论基础,将思想政治教育、社会学、管理学多个领域的研究成果应用到高校毕业生就业工作中,研究大学生就业现状,为大学生就业提供参考、借鉴和指导,促进高校育人工作的高质量发展。

二是具有较强的实践性。真理来自实践,最终都要应用到实践。本书在写作的过程中,非常重视研究成果的实践性。本书倾向于引用实证数据来进行论证和说明,采用大量实证数据,通过实证分析、对比研究,用数据来说话,用现实来证明,增强信服力,提高科学性、实证性。在研究成果的实践应用上,倾向于结合高校毕业生的就业工作实际,增强就业工作的针对性、有效性。

三是具有较强的时代性。习近平总书记明确将十八大以来国际和国内的时代环境概括为百年未有之大变局和中国特色社会主义进入新时代。对于高校毕业生而言,新时代是一个奋进的时代,是国际国内深刻变革的时代,充满机遇与挑战。本书结合新时代特点,梳理当代高校毕业生的就业现状和就业心态,进一步提出有针对性的策略,帮助高校毕业生提高就业能力,顺利实现就业。

岁月不拘,时节如流。由于时间仓促,本书的研究难免有不足之处,但是高校毕业生社会流动没有停止,对于相关方面的研究还会继续,以期取得更加丰硕的成果。

焦成芳
2022 年 11 月 4 日

目 录 CONTENTS

绪论 ··· 001
第一章 高校毕业生社会流动相关理论 ································· 005
  一 研究对象 ·· 007
    （一）高校毕业生范围界定 ·· 007
    （二）社会流动含义 ··· 007
    （三）高校毕业生社会流动含义 ·································· 008
  二 社会流动理论 ··· 008
    （一）社会流动研究的缘起 ·· 009
    （二）现代社会流动研究的重要理论成果：三大流派
    ·· 010
  三 社会分层理论 ··· 019
    （一）马克思的阶级分层理论 ····································· 020
    （二）韦伯的社会分层理论 ·· 025
    （三）涂尔干的"分工分层论" ···································· 034
  四 中国社会分层研究 ··· 039
    （一）毛泽东社会分层理论 ·· 039
    （二）改革开放后的社会分层研究 ······························· 042

第二章 高校毕业生就业流动历史演进 ································· 049
  一 第一阶段(1949—1993年)的高校毕业生社会流动状况
  ·· 051

（一）新中国建立至1956年的高校毕业生社会流动状况
　　　　　··· 051
　　　（二）1956—1966年的高校毕业生社会流动状况 ········· 053
　　　（三）1966—1978年的高校毕业生社会流动状况 ········· 054
　　　（四）1978—1993年的高校毕业生社会流动状况 ········· 056
　　二　第二阶段(1993—2007年)的高校毕业生社会流动状况
　　　　··· 058
　　　（一）1993—1998年的高校毕业生社会流动状况 ········· 058
　　　（二）1998—2007年的高校毕业生社会流动状况 ········· 059
　　三　2007年以来的高校毕业生社会流动状况 ················ 062
　　　（一）2007—2012年的高校毕业生社会流动状况 ········· 063
　　　（二）2012年以来的高校毕业生社会流动状况 ············ 064

第三章　高校毕业生社会流动现状 ··························· 69
　　一　高校毕业生社会流动国际环境发生了深刻变化 ········· 71
　　　（一）全球经济发展乏力 ································· 71
　　　（二）高校毕业生的就业情况深受国际贸易影响 ········· 73
　　　（三）国际关系影响高校毕业生就业 ····················· 74
　　二　"新时代"高校毕业生社会流动呈现新变化 ············· 76
　　　（一）经济环境：经济发展新常态 ······················· 76
　　　（二）就业环境：就业出现新常态 ······················· 77
　　　（三）高校毕业生社会流动的社会环境产生了新变化
　　　　··· 81

第四章　高校毕业生社会流动现状分析及其困境 ············ 85
　　一　高校毕业生社会流动渠道现状分析 ····················· 87
　　　（一）拓宽升学成才渠道 ································· 87

（二）发挥政策性岗位吸纳作用 …………………………… 87
　　（三）多渠道深挖就业岗位稳就业 ………………………… 89
二　高校毕业生的流向分布状况分析 ……………………………… 92
　　（一）毕业去向 ……………………………………………… 92
　　（二）用人单位流向分布 …………………………………… 95
　　（三）地域流向分布 ………………………………………… 97
三　高校毕业生社会流动困境分析 ………………………………… 100
　　（一）高校毕业生社会流动存在着一定的失衡与无序现象
　　　　………………………………………………………… 100
　　（二）上升性的社会流动机会还不能充分满足毕业生的需求
　　　　………………………………………………………… 101
　　（三）社会流动自致性规则的普适性还没有得到全面体现
　　　　………………………………………………………… 102
　　（四）高校毕业生社会流动相关保障不足 ………………… 102
　　（五）高校毕业生的流动意识有待转变 …………………… 103
　　（六）组织资源仍然直接影响人们的社会地位 …………… 104

第五章　高校毕业生社会流动影响因素 …………………………… 105
一　先赋性因素 ……………………………………………………… 107
　　（一）制度性因素 …………………………………………… 107
　　（二）法律法规因素 ………………………………………… 112
　　（三）成本因素 ……………………………………………… 115
　　（四）家庭因素 ……………………………………………… 116
　　（五）社会关系因素 ………………………………………… 119
　　（六）性别因素 ……………………………………………… 120
二　自致性因素 ……………………………………………………… 122

（一）学历因素 …………………………………………… 122
　　（二）知识和技能因素 …………………………………… 125
　　（三）相应的情商 ………………………………………… 127

第六章　高校毕业生社会流动困境的解决路径 …………… 129
　一　政府层面 ………………………………………………… 131
　　（一）充分发挥政策的导向作用,筑牢流动基础 ……… 131
　　（二）建立良好的社会流动机制,激发流动活力 ……… 132
　　（三）持续做好就业服务工作,畅通流动渠道 ………… 138
　　（四）建立良好的就业创业环境,增强流动动力 ……… 140
　二　学校层面 ………………………………………………… 142
　　（一）调整学科结构,优化专业设置,培养时代所需的人才
　　　　　 ……………………………………………………… 142
　　（二）培育正确的就业观念,积极开展就业指导和援助 … 144
　　（三）警惕求职陷阱,增强防范水平 …………………… 149
　三　企业层面 ………………………………………………… 152
　　（一）企业承担社会责任的重要性 ……………………… 153
　　（二）多措并举,切实承担企业社会责任 ……………… 153
　四　家庭层面 ………………………………………………… 155
　　（一）家庭资本在大学生社会流动中发挥重要作用 …… 156
　　（二）发挥家庭资本在大学生社会流动中的作用 ……… 158
　五　个人层面 ………………………………………………… 158
　　（一）注重能力提高和知识储备,提高自身素质 ……… 159
　　（二）树立正确的职业期望,做好职业生涯规划 ……… 159
　　（三）树立正确的价值观,做到知行一致 ……………… 160

参考文献 ………………………………………………………… 162

绪论

绪论

在人类社会发展的历史过程中,社会流动呈不断扩大的趋势。在中世纪、封建社会等过去的时代,个人的社会地位是由先赋性因素决定的。阶级、阶层之间等级森严,社会流动几乎为零。随着生产力的发展,近代社会化大生产的出现,生产形式和产业结构经常发生变化,只有实现劳动力和人才的流动,才能满足社会化大生产的要求。马克思说:"大工业的本性决定了劳动的交换、职能的更动和工人的全面流动性。"[①]科技的进步,社会化大生产的不断拓展,产业结构的不断提高,客观上创造了新的社会岗位,同时也创造了社会流动的需要,只有通过社会流动,新的社会岗位才会有人去充实,才能实现人力资源的合理配置。

教育部统计数据显示,2022届高校毕业生人数首破千万,规模达到1 076万人,相比上一年又增加了167万人,总量和增幅都创下历史新高,再加上留学回国人员和往届未就业毕业生,高校毕业生总量压力持续加大。国际形势复杂动荡、新冠肺炎疫情席卷全球,国内经济社会发展也面临着一些新情况、新问题,高校毕业生就业的不确定、不稳定性因素增加,就业形势依然严峻,任务十分艰巨。

就业是最大的民生。习近平同志多次强调,就业是最大的民生工程、民心工程、根基工程。新时代背景下,党和政府十分重视就业工作。2017年10月18日,习近平在中国共产党第十九次全国代表大会上的报告中指出:要坚持就业优先战略和积极就业政策,实现更高质量和更充分就业。大规模开展职业技能培训,注重解决结构性就业矛盾,鼓励创业带动就业。提供全方位公共就业服务,促进高校毕业生等青年群体、农民工多渠道就业创业。

2020年7月22—24日,习近平同志在吉林考察时强调:各级党委和政府要高度重视高校毕业生就业问题,高校毕业生要转变择业就业观念,只要有志向就会有事业,只要有本事就会有舞台。希望大家找准定位,踏踏实实实现人生理想。9月16—18日,习近平同志在湖南考察时的讲话中指出:要落实就业优先政策,突出做好高校毕业生、退役军人、农民工、城镇困难人员等重点群体就业工作。

---

① 马克思.资本论:第一卷[M].北京:人民出版社,1975:34.

2022年,习近平同志在四川宜宾学院考察时强调:党中央高度重视高校毕业生就业,采取了一系列政策措施。当前正是高校毕业生就业的关键阶段,要进一步挖掘岗位资源,做实做细就业指导服务,学校、企业和有关部门要抓好学生就业签约落实工作,尤其要把脱贫家庭、低保家庭、零就业家庭以及有残疾的、较长时间未就业的高校毕业生作为重点帮扶对象。

就业一头连着百姓,一头连着发展,就业不仅是民生问题,也是发展问题。高校毕业生要从实际出发选择职业和工作岗位。2020年7月7日,习近平同志在给中国石油大学(北京)克拉玛依校区毕业生的回信中写道:这场抗击新冠肺炎疫情的严峻斗争,让你们这届高校毕业生经受了磨炼、收获了成长,也使你们切身体会到了"志不求易者成,事不避难者进"的道理。前进的道路从不会一帆风顺,实现中华民族伟大复兴的中国梦需要一代一代青年矢志奋斗。同学们生逢其时、肩负重任。希望全国广大高校毕业生志存高远、脚踏实地,不畏艰难险阻,勇担时代使命,把个人的理想追求融入党和国家事业之中,为党、为祖国、为人民多作贡献[①]。

新时代大学生的合理流动,是实现社会有序运转、消弭社会不平等、避免落入"中等收入陷阱"最核心的因素。高校毕业生社会流动具有横向空间流动和纵向代际流动的双重特性,社会流动越畅通、社会流动率越高,就越能调动社会各个阶层尤其是高校毕业生的积极性,使他们充满希望,通过后致性规则亦即通过个人后天的努力奋斗,实现上升流动到更高层次的社会地位的愿望。近年来,"富二代""官二代",甚至"垄断二代""穷二代""寒门再难出贵子"的报道经常见诸媒体,马太效应形成的社会阶层分化、固化的言论经常诱发全社会大讨论。可以说,代际分化的负面影响,极大地刺激了人们关于社会不平等问题的神经,成为引发社会不稳定的重要因素。为此,正视社会流动的积极意义,千方百计畅通全社会的流动机制,对于促进社会公正、激发社会活力、促进社会稳定有十分重要而迫切的意义。

---

① 新华社. 习近平给中国石油大学(北京)克拉玛依校区毕业生回信:把个人的理想追求融入党和国家事业之中[J]. 中国人才,2020(8):4.

第一章
高校毕业生社会流动相关理论

高校毕业生社会流动研究的是大学生因毕业引起的社会位置、社会角色、社会关系的变化,理论研究依据主要涉及社会流动理论、社会分层理论。

第一章　高校毕业生社会流动相关理论

一　研究对象

(一) 高校毕业生范围界定

对于高校毕业生就业和社会流动问题的关注和研究,首先要明确研究对象,如果没有对高校毕业生这一群体的界定,那么研究对象就会显得很模糊,研究结果的说服力就会减弱。所谓大学生,即在普通高等学校注册入学的学生群体统称。高等教育层次包含大专、高职、本科学士、硕士研究生、博士研究生等,本项研究范围主要是面向本、专科学生。所谓高校毕业生,就是通过本科或者专科教育,思想成熟,有高度社会责任感,能很好地控制自我情绪,学会独立思考,学业期满拿到相应证书(毕业证、学位证)而顺利毕业的大学生,也可称为"大学毕业生"。为使研究的目标更明确、具体,确定本书研究的高校毕业生群体主要包括专科毕业生和本科毕业生。

(二) 社会流动含义

社会流动这一现象普遍存在于人类社会中。对社会流动这一现象进行全面、系统的研究始于索罗金。他在 1927 年出版的《社会流动》(Social Mobility)一书中正式提出"社会流动"一词,他明确指出:"社会流动意味着个体、社会目标或价值,即人类活动所创造的或改变的一切事物从一个社会位置向其他的社会位置的转变。"[①]由此可见,社会流动在本质上强调的是社会成员在社会结构中所处的社会位置的改变。

中国社会科学院社会学研究所研究员陆学艺认为:"社会流动是从动态的角度,分析描述社会阶层结构分化中各阶层的互动、动力机制、时空范围、方向和速度,是研究社会阶层结构分化的量变过程。社会流动是指社会成

---

① SOROKIN P A. Social mobility[M]. New York: Harper & Brothers, 1927.

员从一种社会地位转移到另一种社会地位的现象。"①

社会流动有广义和狭义之分。广义上的社会流动是指社会成员在社会关系的空间中由某个社会位置向其他社会位置的移动,它既表现为个人社会地位的变更,也表现为个人社会角色的转换,实质上是个人社会关系的改变。而狭义的社会流动,是以职业为基础而产生的流动。大学毕业生这一特殊的群体还没有正式获得第一个职业身份,所以不能直接对其进行以职业流动为基础的研究,而从职业流向、区域流动、代际流动方面研究则能很好地对这一群体进行解读。

(三) 高校毕业生社会流动含义

本书研究的高校毕业生社会流动是即将毕业的大三、大四的学生因毕业而引起的社会位置以及社会关系的变化。本书就紧紧围绕大学毕业生这一群体,通过对大学生和父辈职位的对比、本人职位、本人工作单位的性质等方面进行研究。

二 社会流动理论

社会流动理论是大学毕业生社会流动研究的核心理论。西方学界普遍认为社会流动研究的创始人是索罗金,在其社会流动理论启发下,社会学界对社会学的研究产生了广泛兴趣,相继形成了一些颇具影响力的理论学说,不断完善着社会流动理论体系。其中比较著名的理论有:推拉理论、帕累托的精英循环理论、布劳-邓肯美国社会地位获得模型。

---

① 陆学艺. 当代中国社会流动[M]. 北京:社会科学文献出版社,2004:1-2.

（一）社会流动研究的缘起

对社会流动理论的研究始于 19 世纪末，与社会分层研究同时进行。在早期的研究中，起到奠基作用的是美国著名社会学家 P. A. Sorokin（1889—1968）的研究成果，他被公认为是社会流动研究创始人。

西方社会流动的专门研究兴起于 20 世纪 20 年代，发端于美国社会学家索罗金在 1927 年出版的《社会流动》（*Social Mobility*），被认为开创了社会流动研究的先河。他用《社会流动》（*Social Mobility*）和《社会流动与文化流动》（*Social and Cultural Mobility*）两部著作建构了社会流动的理论框架，分析了社会流动的概念体系、性质、原因、形式、趋势、意义及研究手段和方法等，这一理论体系至今仍被使用，它奠定了社会流动研究在社会学中的重要地位。

他在 1927 年出版的《社会流动》（*Social Mobility*）一书，是第一本研究社会流动的专著，强调对社会流动的定量研究，侧重研究了社会流动的数量、方向和地区分布等问题。他在书中正式提出"社会流动"一词，并明确指出："社会流动意味着个体、社会目标或价值，即人类活动所创造的或改变的一切事物从一个社会位置向其他的社会位置的转变。"[1]社会流动是两个集团之间的人口交换，即一个集团的成员转入另一个集团，在本质上强调的是社会成员在社会结构中所处的社会位置的改变。他把造成社会流动的原因归纳成三大类，即人口特质、环境改变（主要为技术变迁）以及父代与子代之间的天生能力的不一致。

他还提出了两种基本的社会流动类型：一是垂直流动，即在社会分层体系中个人或群体跨越等级界限的位置移动，工业社会比传统社会垂直流动更为频繁，根据移动的方向，又可进一步分为上向流动和下向流动，高等教育是社会成员从社会底层流向上层的重要依托；二是水平流动，即个人或群体在同一等级的不同位置之间的横向移动，这种流动不会造成人们所处地

---

[1] SOROKIN P A. Social mobility[M]. New York: Harper & Brothers, 1927.

位的改变。索罗金认为垂直流动具有一种稳定的作用,可以给处于较低地位的人提供破坏现行制度的动机。

他强调用定量的方法研究社会流动的数量、方向和地区分布,他以大量跨国材料为基础,发现了社会流动与社会发展的关系,认为社会越发展社会流动率越高;与封闭的传统社会相比,开放的工业社会垂直流动更为频繁。高的社会流动率可以作为一种安全阀,释放较低阶级的不满,也体现了社会的开放性程度。

他在1959年出版了《社会流动与文化流动》(*Social and Cultural Mobility*)一书,分析了学校在社会流动中的作用。他认为,在开放社会中,学校可以促进社会底层向上流动,而在封闭社会中,学校会阻碍社会流动,是社会再生产的工具。索罗金建立了传统的社会流动分析模型,分析了父亲职业地位对子代职业流动的影响,并分析了工业社会中父亲职业地位对子代职业地位流动的影响特点:在某一特定阶层中世袭现象减少;所有职业群体都是由来自不同社会出身背景的成员所构成;不同职业群体之间的差异变得模糊不清;父代的职业地位对子代的职业地位仍有很大的影响;等级位置相似或接近的职业群体更容易发生流动;流动更是短距离的,不会跨越太多分层等级;分层体系中的中间层比两端更稳定。

索罗金是第一位对社会流动进行全面系统研究的社会学家,其研究成果构建了社会流动研究的框架基础,他提出的社会流动框架体系影响至今。

(二) 现代社会流动研究的重要理论成果:三大流派

虽然索罗金构建了社会流动理论体系框架,开创了社会流动研究的先河,但是在相当长的一段时间内,社会流动的研究并没有取得进一步发展,直到20世纪50年代,随着社会变迁速度加快,社会流动率提高,引起许多社会学家的兴趣,才由此获得学界的极大关注,形成了一支专门从事社会流动研究的学者队伍,发表了一些高质量的研究成果,开启了现代社会流动研究,其也成为社会学的一个重要研究领域。

不过在理论层面,学者们关注的主要是社会分层,对社会流动理论的研究较少。现有的社会流动理论大多是基于经验研究归纳总结出来的一些研究发现。从研究视角来看,社会流动理论可以分为三个流派。一是微观学派,又称地位获得研究学派,以布劳、邓肯为代表。这一学派强调社会行动者个人特质的重要性,认为导致社会流动结果差异的主要是性别、种族、家庭出身、教育背景、成就动机等个人因素。二是宏观学派,又称新结构主义学派,以派尔、斯皮尔曼等为代表。这一学派强调结构性因素对个人流动机会的影响,认为除了家庭出身、教育背景以及个人努力外,二元劳动力市场、所属组织的社会地位等结构性因素也是产生社会分化的主要原因。三是中层理论学派,又称社会关系学派,以格兰诺维特、林南等为代表。这一学派强调社会关系的重要性,认为社会关系不仅仅是个人之间的联系,更是各种社会资源的载体。人们通过动员社会关系来获取各种资源,借以实现社会流动。

1. 微观学派

在 20 世纪 50 年代到 60 年代,一批有影响的社会流动研究成果相继问世,这一时期的研究更加注重用经验数据来说明,通过简单的流动表(mobility tables)来分析代际流动问题。这一段时间里发表的大量的研究专著中,最具代表性的著作如下。

1954 年,格拉斯(D. V. Glass)等人发表的《英国的社会流动》(*Social Mobility in Britain*),开展了全国规模的社会流动调查,促进了国际社会学会分层与流动委员会的建立。该委员会则致力于创建各国社会分层与社会流动研究数据共享和交流的平台。1956 年,李普塞特(S. M. Lipset)和泽特伯格(H. Zetterberg)的《社会流动理论》(*A Theory of Social Mobility*)中关于工业化与流动率的研究。1959 年,李普塞特和本迪克斯(R. Bendix)在《工业社会的社会流动》(*Social Mobility in Industrial Society*)一书中探讨了社会流动研究的基本步骤、影响社会流动的因素、工业社会的社会流动规律等,认为高等教育在非体力职业获得中扮演着重要角色,而家庭背景影响着受教育的年限和程度。李普塞特和本迪克斯在索罗金的基础上,进一步研究了工业社会的流动及影响因素。他们认为，普遍的社会流动是工业化的伴生物，工业化社会的流动率要比非工业化社会高。社会流动可以对不同的社会群体、阶级、政治制度、文化产生不同的影响。他们通过经验数据和社会流动表，对个体的职业获得与出身背景的关系进行了分析，指出教育是个人职业获得的一个决定性因素，教育背后的家庭背景差异对职业获得也有着重要影响。李普塞特和本迪克斯非常关注社会变迁与社会流动的关系，认为可得到的空间数、不同的出生率、职业等级的变化、可继承的位置数的变化、法律限制方面的变化这五个方面对不同国家的社会流动率有直接影响。他们还把社会流动研究概括为四个分析步骤：个人生涯起点与其目前所达到的地位之间的关系研究；社会继承与流动方式之间的关系研究；流动过程分析；社会流动的结果分析。李普塞特和本迪克斯的研究进一步扩展了工业社会流动的研究内容，也引起了学者对社会流动的关注。

1960年，英国拉尔夫·H.拉尔夫特纳在《赞助性流动、竞争性流动与学校教育制度》一书中，运用功能主义理论对英美两个国家的社会流动模式进行了研究，构建了赞助性流动和竞争性流动两种社会流动的理想模式，分析英国和美国两种不同教育体制下的学校教育制度，认为英国学校教育以赞助性流动为主，而美国学校教育以竞争性流动为主。竞争性流动的主要目标是授予获胜者精英身份，而赞助性流动的目标则是通过使人各得其所来最佳地利用社会中的天才人物。在赞助性流动中，拒绝采用竞争模式，精英的新成员由公认的英才或其代理人挑选，精英地位的获得是根据某些认定的价值标准、德行标准而授予，诸如智力、显性能力等多种品质，而非依靠个人努力或策略。竞争性流动是一种制度，在这种制度下，精英地位的获得是依据某些公平原则在公平竞争中获得的，社会流动被公平竞争的策略法则所支配，社会成员主要依靠个人的努力和谋略实现向上流动，而非精英的提携和赐予。

1961年，米勒发表了《比较社会流动研究》。桑巴特、伯尔曼等人基于他们对美国社会流动的印象，认为美国的阶层流动性高于英法，伯尔曼将之视为美国工人缺乏凝聚力的重要原因。斯滕塔尔也认为美国的社会流动性与经济增长一起阻止了阶级文化的兴起。在这样的情况下,就出现了以数据统计的方式来揭示问题,反驳上述观点。其中,米勒开展了社会流动比较研究,他的统计数据显示:与欧洲国家相比,美国的社会流动性并不突出。他比较了12个国家,分别是美国、丹麦、芬兰、法国、英国、匈牙利、意大利、日本、荷兰、挪威、瑞典、西德,考察的是1949年到1957年的代际流动性,具体的衡量指标是体力劳工流出量和非体力劳工流出量。体力劳工流出量的数值越高意味着从事体力劳动的人越少,向社会上层流动的机会越多;非体力劳工流出量的数值越高意味着从事非体力劳动的人越少,向社会上层流动的机会越少。统计结果显示:美国的体力劳动者流出量为28.7,低于法国的29.6,而且与瑞典的25.5、英国的24.8、丹麦的24.1相比并没有高出多少;美国的非体力劳动者流出量为22.6,虽然在12个国家中是最低的,但也没有比芬兰的24.0、法国的26.9低太多[1]。所以,他的结论是:1949—1957年美国的社会流动性并不突出。史蒂芬·塞恩斯托姆质疑了米勒的统计方法和统计结果,他选取1880—1963年美国波士顿市作为考察对象,与英国和法国做了比较研究,他将社会流动性细分为职业间的流动性和代际的流动性。

布劳-邓肯地位获得模型是彼得·布劳(P. M. Blau)和奥迪斯·邓肯(O. D. Duncan)在社会分层与流动研究领域中划时代的贡献。1967年,布劳和邓肯对美国的职业结构和职业流动进行了开创性研究,发表了专著《美国职业结构》,可谓是社会流动研究中的经典之作。布劳和邓肯提出的地位获得模型(又称布劳-邓肯模型)被后来学者所广泛采用,成为学者们研究地位获得的基本模型。

在《美国职业结构》一书中,布劳和邓肯通过对社会流动的过程分析,将职业地位作为衡量社会地位的主要指标,采用职业声望量表和路径分析的方法,将先赋性因素和自致性因素作为自变量,将个体在社会流动中获得的

---

[1] FOX T G, MILLER S M. Economic, political and social determinants of mobility: an international cross-sectional analysis[J]. Acta Sociologica,1966,9(1/2):77-78.

社会地位作为因变量,提出了美国社会地位获得模型。具体而言,地位获得研究的过程如下:首先,建立包括先赋性因素和自致性因素的统计模型;其次,按照收入水平、教育程度、职业声望等因素对个体职业地位进行测量;再次,将父亲的职业、父亲的受教育程度、本人的受教育程度、本人的初职和本人的现职等中介变量纳入模型,建立了一个五变量因果模型;最后,对结果进行统计检验。他们认为,个人职业地位的获得受到先赋因素和自致因素的双重影响。个人社会地位的获得将越来越取决于自己的受教育程度,即影响社会流动的因素主要是自致因素,但并没有完全消除家庭社会背景作为先赋因素对个人社会地位获得的影响。它很快成为地位获得研究的范式。

其主要观点,第一是资本主义社会内部人员升迁速度快,难以形成较为稳定的社会集团,只能依据职业地位的高低来判断其阶级地位的高低。"现代工业社会里的职业结构不仅构成了一个重要的基础,支撑着社会分层的一些主要向度,而且联系着不平等的不同制度与领域……无论是声望阶层组成的等级秩序,还是各经济阶级组成的等级秩序,其根基都在于职业结构;而政治权力与权威所组成的等级秩序也是如此,因为现代社会里的政治权威在很大程度上是作为一种全日制的职业来从事的"[1]。第二是模型讨论了先赋因素和自致因素对社会地位的影响。受其天生才能、后天努力和家庭背景等多方面的影响,父代的社会不平等现象可能会在子代中再现。美国社会高教育水平对降低地位继承和促进职业结构开放方面有重要影响,为处于劣势的较低阶层提供了有利的机会进行长距离的向上流动。他们将整个职业结构划分为17种职业类别,对样本进行代际和代内职业流动分析,得出美国职业结构的三个主要特征:一是所有样本的职业继承都大于预期的独立假设;二是社会流动仍然普遍;三是上向流动比下向流动更普遍,而且短距离移动比长距离移动更多——也就是说,在地位等级制中越靠近的

---

[1] BLAN P M, DUNCAN O D. The American occupational structure[M]. New York: John Wiley & Sons,1967.

两个职业，它们之间的人员流动也越多①。第三是相对于僵化的社会系统，社会人力资源在一个拥有高流动性的、变动的阶级结构中能得到更充分的开发，而这种限制流动和防止人们降入较低阶层但有可能使之展现其才华的阶层界限却会造成人力天才的极为严重的浪费，这远比人们常常叹惜的较高阶层的低出生率所造成的浪费更大。

虽然这一理论一经问世，便为学界所广为接受，布劳、邓肯开创的地位获得研究也成为社会流动研究的主流理论，但是布劳、邓肯的地位获得研究以个人层面为主，强调个人特质的重要性，其过于微观的个人主义视角，也受到部分学者的批评，于是出现了新的研究思想和研究取向，即流动与结构的整合研究取向。学者们强调结构因素对个人成就的影响，分析上以经济、产业部门、公司和内部劳动力市场结构及其分割情况等因素为主，因其采用的是结构主义视角，所以又被称为新结构主义学派。新结构主义为社会流动研究提供了宏观主义的研究视角，是对地位获得研究的有益补充。

2. 中层理论学派：社会关系理论

20世纪70年代以后，社会流动的研究开始转向结构分析，学者们强调社会流动过程中的个人特质以外的结构性因素，主要围绕着社会关系、部门分割和市场分割的逻辑思路来研究社会流动。

在个人职业地位获得中，存在两种对立的理论，即弱连接理论与强连接理论。1973年，格兰诺维特发表了文章《弱连接的优势》，研究了社会关系网络在劳动力流动中的作用，这是"关系"研究的重要成果。格兰诺维特在文中提出的强连接（强关系，指的是个人的社会网络同质性较强，即交往的人群从事的工作、掌握的信息都是趋同的，人与人的关系紧密）与弱连接（弱关系）的理论，从社会结构或社会网络的视角研究经济生活，至今仍有重要影响。他开篇就指出，"社会网络分析被认为是一种连接微观和宏观层次之间

---

① 关晓丽，关大伟. 中国社会阶层结构演变新视点[M]. 长春：吉林大学出版社，2007：139-141.

社会学理论的工具",通过这种逻辑联系实现"将微观层次的互动关系关联到宏观层次的结构形态中"。格兰诺维特将人与人之间连接的强度,用"认识时间的长短""互动的频率""亲密性"及"互惠性服务的内容"这四个维度来衡量,分为强连接、弱连接、无连接;认为"桥"是"在一个网络当中,提供给两点间之唯一路径的一条线"。

在信息传播过程中,弱连接理论强调,劳动力市场中存在信息不对称,弱连接则可以起到桥梁作用,人们更多地通过弱连接实现向上流动,弱连接比强连接的效果更好,信息重复率更低;强连接则注重情感引发的信任和互惠,可以传递内部信息,降低交往成本,有助获得职业地位的流动,但是强连接的信息重复率高,而且还需要较多的时间加以维系,对社交时间产生了排挤效果,导致个人关系网络变小,产生了信息通路上的浪费。

1974年,格兰诺维特发表了《找工作》,将只是"探索性与纲领性"的"弱连接的优势"理论作了具体而翔实的实证检验。通过调查发现,以找工作为例,找工作主要是通过人际介绍,而非通过市场力量来运作,在这种情况下,弱连带比强连带的人际关系网更大,对个人职业流动更有利。

格兰诺维特的《弱连接的优势》和《找工作》的贡献在于,它们从宏观视角和微观视角,提供了一个连接微观互动和宏观结构的社会学理论的有力工具,消减了经济学和社会学之间的巨大鸿沟,开垦了一块"处女地",启发了后来者的研究。

1992年,罗纳德·S.伯特教授发表了论著《结构洞:竞争的社会结构》,提出了"结构洞"理论(Structural Holes)。所谓"结构洞"就是指社会网络中的空隙,即社会网络中某个或某些个体和有些个体发生直接联系,但与其他个体不发生直接联系,即无直接关系或关系间断(disconnection),从整体看好像网络结构中出现了洞穴。他称这种关系稠密地带之间的稀疏地段为结构洞,并将填补结构洞的行为称为搭桥。也就是说,A和B之间缺少直接的联系,而必须通过第三者C才能形成联系,那么第三者C就在关系网络中占据了一个结构洞,显然,结构洞是针对第三者C而言的,这样才能形成关系的传递性。伯特认为,个体在网络中的位置比关系的强弱更为重要,如果个体占据了网络关系的结构洞位置,那么就拥有了获取更多的信息、机会以及控制资源的能力,就更容易得到升迁机会。因此,个人或组织要想在社会流动中保持优势,就必须建立广泛的联系,同时占据更多的结构洞,掌握更多信息。可见把社会关系纳入社会流动分析的必要性。

伯特讨论了一个网络相互关联的4个方面,分别是有效规模、效率、限制度、等级度,以此为基础来计算结构洞。

有效规模(Effective Size):指的是个体网的规模(Size)减去网络的冗余度(Redundancy),即有效规模等于网络中的非冗余因素。

效率(Efficiency):在测量结构洞的时候所使用的效率概念比较简单,一个点的效率等于该点的有效规模除以该点在个体网络中的实际规模。

限制度(Constraint):从概念上讲,一个人的"限制度"指的是此人在自己的网络中在多大程度上拥有运用结构洞的能力或者协商的能力。

等级度(Hierarchy):指的是限制性在多大程度上围绕着一个行动者展开,或者说集中在一个行动者身上。

四个测量指标的公式都极为复杂,可以借助 Ucinet 软件进行分析操作。

判断结构洞是否存在的两个标准分别是凝聚力和结构等位,结构洞存在于这两个条件都缺失的地方。但是这两个指标并不绝对,也并非相互独立。凝聚力是指网络中每个参与者之间都存在强连接(即直接连接),结识他们中的任何一个人都可以获取相同的信息和网络利益,这样就会带来凝聚力冗余。结构等位是指网络中的两个参与者同时拥有相同的位置关系,那么他们在结构上处于同等位置,无论二人是否具有直接联系,都会通向同样的信息来源,因此这两个联系人也就具有冗余性。

3. 宏观学派:新社会结构理论

宏观学派,又称新结构主义学派,以派尔、斯皮尔曼等为代表。这一学派强调结构性因素对个人流动机会的影响,认为除了家庭出身、教育背景以及个人努力外,经济(二元经济论)、部门(二元劳动力市场论)、公司和职务(内部劳动力市场论)等因素对个人职业和社会流动带来的影响,这也是产生社会分化的主要原因。主要代表性理论有二元劳动力市场理论、内部劳动力市场理论、二元经济结构理论等。

二元经济结构理论是由英国经济学家刘易斯（W. A. Lewis, 1915—1991）于1954年首先提出的。刘易斯在《劳动无限供给条件下的经济发展》一文中提出，发展中国家在工业化的过程中形成了二元经济结构，即一方面存在以传统方式生产的农业部门，另一方面存在以制造业为主的现代工业部门。这两个部门不仅对立并存，并且在发展中国家地区经济发展也不平衡，形成了"二元经济结构"。后来，1964年，费景汉和拉尼斯（H. Fei & G. Ranis）修正了刘易斯模型中的假设，拓展了产业间的劳动力流动理论，刘易斯-费景汉-拉尼斯模型就成为二元经济问题的经典模型。

基于劳动力市场的这种二元分割情况，派尔提出了二元劳动力市场理论。他认为劳动力市场分为两个市场或部门，即初级市场和次级市场。初级市场的工作具有良好的工作环境，工资福利比较高，就业稳定，工作安定，工作规则公平，有适当的程序，而且有较好的升迁和培训机会，离职率较低。次级市场的特征是短期雇佣，工作环境较差，工资低，不稳定，劳动强度大，缺少晋升机会，由市场雇佣关系决定，与教育和经验无关。更为重要的是，两个市场之间是分割的，很少流动。在这种情况下，即使个人特质极其相似的两个人，一旦进入到不同的劳动市场，他们的上升流动机会也会有天壤之别。也就是说，个人特质并不是决定一个人流动机会的唯一因素，人们所从事的工作的性质也非常重要。所以，分析的着眼点不应只注重个人特质本身。派尔认为，人们难以由次级劳动力市场进入初级劳动力市场，其主要原因不在于地位获得研究所强调的教育程度、成就动机等个人因素，而是在于结构上的限制和好工作的缺乏。他进一步把初级市场分为高层和低层两种，高层主要包括专业人士和经理人员的工作，相对于低层工作而言，这些工作有更高的收入和地位，更高的流动性（升迁）和自主性。在初级市场内部，这两种不同层次的劳动力市场间也存在很大差异，相互之间的流动性也不高。

三 社会分层理论

与社会流动紧密相关的一个问题是社会分层(Social Stratification),二者就像一个硬币的两个面,社会流动是从动态角度来研究社会,社会分层是从静态角度来研究社会。社会分层研究作为社会学研究领域的最为重要的研究论题之一,是社会流动研究的基础,也为社会流动提供了动力基础。社会分层体系的封闭程度影响了社会流动的活力。社会分层与社会流动密切相关,它和社会流动理论一起,构成了研究大学生社会流动重要的理论基础。

社会分层作为现代社会学的基本概念之一,是指基于收入、教育水平、权力大小、职业声望等条件的不同,个人和群体自上而下在社会结构(阶层)中所处的位置。分层反映了社会异质性和群体的社会地位的不平等。社会分层是一个普遍现象,每个社会总会由不同的阶级、不同的阶层构成分层体系。

对社会阶级和社会分层的研究,古今中外由来已久。古希腊哲学家柏拉图在《理想国》一书中说到,家庭是不平等的关键所在,将哲学家、武士、农人与工匠分为三个等级,各就其位,各司其职,构成了社会的阶级结构;亚里士多德将城邦的居民分为富有阶级、中产阶级、贫困阶级,并论述了三者的基本特征;中国传统的儒家思想倡导的是三纲五常,主张贵贱有序、长幼有差的社会秩序体系,在这个理论体系下,管仲提出了"四民分业论",本质上也是将社会中的人分为不同阶层,体现了儒家的等级社会观和社会分层论。虽然历史上较早出现了分层思想,但是真正系统地研究论述社会分层的始于马克思,其与之后的韦伯、涂尔干形成了经典社会学的三个基础理论观——阶级分层理论、社会分层理论和分工分层论,三者奠定了社会分层研究的理论基础。

库恩在1962年出版的《科学革命的结构》一书中首次提出"范式"这一

概念后,理论范式也被广泛地应用于社会学理论当中。西方社会分层研究派别林立,但是总体而言可划分为两种理论范式,即冲突论范式和功能论范式。冲突论范式以马克思的阶级分层理论和韦伯的阶层分层理论为传统,以达伦多夫的辩证冲突论为代表。马克思的阶级分层和韦伯的阶层分层被视为社会分层研究中的基本理论范式,后来的大多数社会分层理论学家都是在这种理论体系内不断发展变化而衍生出新的理论成果。功能论范式以涂尔干分工分层为启发,以帕森斯的社会分层系统功能论为代表。在功能论范式的框架中,最早对社会分层进行论述的是涂尔干,戴维斯和摩尔、帕森斯等后继者发展了他的思想。本节拟从经典社会学三大基础理论的代表人物马克思、韦伯和涂尔干的理论观点出发来审视和梳理社会分层研究。

(一) 马克思的阶级分层理论

马克思,全名卡尔·海因里希·马克思(Karl Heinrich Marx,1818—1883),全世界无产阶级和劳动人民的伟大导师,无产阶级的精神领袖,国际共产主义运动的开创者,与韦伯、涂尔干一起被称为社会学的三大奠基人。马克思的理论体系涉及哲学、政治学、经济学、社会学等多个领域,虽然理论体系庞大复杂,但是理论的立足点是"唯物史观",从"批判角度"切入研究。"唯物史观"是哲学上的理论研究,"批判角度"是一种社会学理论的传统。马克思的批判角度决定了他采用辩证的方式重点关注阶级之间的矛盾状况,"唯物史观"成为其哲学理论基础,为这种批判理论服务。在此基础上,马克思从他所处的历史环境出发,详尽研究了资本主义社会的阶级结构与阶级斗争,创立了马克思主义阶级分层理论。

1. 阶级

"阶级"是马克思社会分层理论的核心。马克思在其著作中经常会提到"阶级"一词,虽然没有对其下过明确的定义,但是阶级这一概念却在马克思阶级理论中占有极其重要的地位,分层思想即是围绕着阶级结构和阶级斗争展开研究。

第一章 高校毕业生社会流动相关理论

阶级是一个历史的范畴。阶级现象的出现同生产发展的一定历史阶段相联系,这是马克思为阶级理论做出的三大贡献之一。马克思认为,"人类的历史就是一部阶级斗争的历史"。阶级本身是一种历史现象,不是从来就有的,也不是永久存在的,是社会发展到一定阶段的产物,即是在生产力有一定发展而又未高度发展的阶段出现的。

阶级是一个经济范畴。阶级的产生,纯属经济原因。正如恩格斯所说:社会阶级任何时候都是生产关系和交换关系的产物,都是自己时代的经济关系的产物。在马克思看来,社会之所以会有分层现象,主要是由生产资料占有的多少直接引起的,不同的生产资料占有情况决定了社会分层体系中地位的不同,生产资料的占有情况是划分阶级分层的标准。从社会阶级的消灭来看,是以生产高度发展的阶段为前提的,生产力的高度发展是消灭阶级的根本途径和物质前提。由此可见,马克思用一元化的经济标准来研究资本主义的社会结构,阶级在实质上是一个经济范畴,阶级划分的标准是经济标准。

2. 阶级的产生

剩余产品的出现是阶级产生的首要的经济前提。在原始社会末期,随着金属工具的出现,生产力得到一定发展,开始出现剩余产品,使得氏族内部一部分人占据另一部分人的剩余劳动产品成为可能,这才有了剥削,使阶级的产生有了物质基础。

阶级起源于社会分工和私有制。马克思、恩格斯说:"分工和私有制是两个同义语,讲的是同一件事情,一个是就活动而言,另一个是就活动的产品而言。"社会分工的发展,使人们固定于一种劳动或职业,就必然会产生社会交换,有了社会交换就必然会导致剩余产品的积聚和集中。马克思认为,在古代埃及和希腊,由于劳动分工而出现自由民和奴隶;在中世纪,由于劳动分工出现封建主和农奴;在资本主义社会,由于劳动分工而形成阶级[①]。

---

① 马克思,恩格斯.马克思恩格斯全集:第六卷[M].北京:人民出版社,1961:221.

马克思将分工分为两种:一种是基于自然差异的自然分工,另一种是基于社会制度等因素产生的社会分工。自然分工是分工的起点,随着自然分工的发展,在社会因素与自然因素的共同作用下,社会中产生了社会分工。自从有了社会分工,私有制便产生和发展起来。

私有制的确立是阶级产生的直接原因。社会财富集中在少数人手中,多数人就会因此陷入贫困,从而促进私有制的产生和发展。而私有制的出现又会使得这部分少数人利用自己占有的生产资料剥削另一部分人,阶级也就随之产生了。

阶级的形成分为两个阶段,即自在阶级(class in itself)和自为阶级(class for itself)。这两个概念主要是用来说明无产阶级在政治成熟性、思想觉悟性、组织严密性等方面由自觉发展到自由的两个不同阶段。马克思在他的《哲学的贫困》一书中描述工人阶级出现时,首先阐述了这两个概念的区别和联系:"经济条件首先把大批的居民变成工人。资本的统治为这批人创造了同等的地位和共同的利害关系。所以,这批人对资本说来已经形成一个阶级,但还不是自为的阶级。在斗争(我们仅仅谈到它的某些阶段)中,这批人逐渐团结起来,形成一个自为的阶级。他们所维护的利益变成阶级的利益。"[①]所以,在马克思看来,有了共同的经济地位和利害关系只是阶级形成的第一个阶段,直到马克思主义诞生并和各国工人运动相结合、成立无产阶级自己的独立政党后,才有了真实的社会互动、社会行动和政治组织,才发展到第二个阶段[②]。

3. 阶级的划分标准

阶级划分的标准首先是生产资料的占有方式。马克思没有对"阶级"这一概念进行正式定义,但是基本思想却是明确和一贯的,即生产资料的占有关系及其所决定的分配方式是划分阶级的最重要的依据;是否占有生产资

---

① 马克思,恩格斯.马克思恩格斯全集:第六卷[M].北京:人民出版社,1972:159.
② 李强.社会分层十讲[M].北京:社会科学文献出版社,2008:35.

料决定社会成员劳动产品的获得份额,也决定着其在经济社会结构中所占据的地位和位置。马克思根据对生产资料的占有来划分资本主义社会的阶级,占有生产资料的阶级是统治阶级,不占有生产资料的是被统治阶级。同时,马克思也从生产关系上探索社会分层,生产资料的占有情况仅仅是一种外在表现,一个人在社会生产中所处的位置决定了其在社会分层中的地位。在《资本论》中,马克思以剩余价值理论为核心,从剩余价值的生产、实现、分配的全过程,深刻分析了资本主义的全部生产关系,彻底揭露了看似公平的劳资关系背后所掩盖的资本主义的剥削本质。

共同意识是阶级划分的又一重要标准。马克思提出,共同意识也是划分阶级的又一重要标准,是阶级划分中不可缺少的条件。虽然马克思提出物质基础和生产条件是判断阶级的标准,但是同时也清醒地认识到,阶级并不单单是物质条件相同的人组合而成的,一个阶级之所以会成为一个阶级,还必须要有一致的意识和有别于其他阶级甚至敌对阶级的情感,分散的个体只有在反对另一个阶级的共同斗争中才能形成一个阶级。物质决定意识,阶级意识与阶级地位是密切联系的,在社会分层中处于什么样的社会地位就会有什么样的阶级意识,处于相同的社会生产关系之中的阶级具有相同的阶级意识,在资本主义社会中集中表现为无产阶级和资产阶级之间意识的迥异。

由此可见,马克思对阶级划分的标准有两条,即共同的社会生产关系地位和由此决定的共同意识。需要注意的是,对"阶级"的这一内涵标准的定义是在研究资本主义社会中提出的,在研究资本主义社会以前的社会形态时,使用比较多的是"等级",资本主义社会的出现消灭了"等级","阶级"和"等级"是完全不同的概念。

4. 阶级关系

在马克思看来,阶级是一种社会关系,在根本上是由生产关系决定的,而不是简单的等级,这种社会关系主要是生产关系,而非交换关系。后来的新马克思主义理论学家赖特将马克思的"关系"解释为"关系理论",是以财产关系为核心的生产关系,即在生产过程中基于对生产资料的占有关系而形成的雇佣与被雇佣、统治与被统治、剥削与被剥削的不平等关系。布洛维(M. Burawoy)等人进一步指出,这种关系实际上是一种不平等的"剥削关系"。这里的"不平等"包括社会地位(分为资产阶级和无产阶级)和社会关系(分为统治阶级和被统治阶级)的不平等,统治阶级因占有生产资料从而获得剩余价值,被统治阶级则只能出卖劳动力勉强维持生活。

马克思将阶级关系分为阶级之间的关系和阶级内部的关系。同一阶级内部有共同的经济地位和利益,具有共同行动的基础,但是不同的阶级有不同的表现。马克思分别对资产阶级内部关系和无产阶级内部关系进行了阐释。马克思在《共产党宣言》一书中喊出了无产阶级最响亮的口号:全世界无产者联合起来!这是号召,也是宣战,显示了无产阶级内部紧密联系的现实基础和内在动力。而对于资产阶级内部来说,由于私有产权的存在,使得其阶级内部也存在着矛盾和竞争,并随着社会的不断发展而趋向激烈。但是相对于阶级对立来讲,资产阶级内部的这种矛盾和竞争关系就显得微弱多了,甚至在他们一无所有时也能消除彼此之间的矛盾状态。

再来看阶级之间的关系。不同阶级之间由于贫富不均而导致生产和分配上的不平等,表现出强烈的矛盾和冲突,始终无法消除。资本家与工人阶级之间存在着矛盾冲突和斗争,构成了资本主义社会的主要矛盾,成为社会变迁的直接动力。对生产资料的占有不同、在生产过程中所处的地位不同、社会分配不同,不同阶级特别是两大对立阶级发生冲突就会成为阶级社会的常态。马克思在《共产党宣言》一书中说道:"到目前为止的一切社会的历史都是阶级斗争的历史。"在资本主义社会,无产阶级和资产阶级之间的矛盾是不可调和的,无产阶级必须奋起反抗,暴力推翻资产阶级的统治,最终促使资本主义社会的灭亡。在无产阶级专政的社会主义社会,由于国际国内因素的影响,阶级斗争(形式有经济斗争、思想斗争、政治斗争)还将在一定时期继续存在,在某些条件下还可能激化,这是一种特殊的阶级斗争形态,其总趋势是在波浪起伏中逐渐减缓、削弱乃至消灭。随着生产力的巨大发展,阶级也终将消亡,人类进入共产主义,这是历史的必然趋势。

但是,随着资本主义的发展,马克思预言的发达资本主义国家两极分化的阶级结构并没有出现,中间阶级并没有消除,反而日益壮大。比如19世纪法国的小农,马克思没有把它看作是一个地地道道的阶级,更谈不到把它看作一个革命的阶级。针对这一现象,以达伦多夫、赖特等为代表的新马克思主义理论学家围绕中产阶级这一主题展开研究,对传统马克思主义进行了理论建构,为马克思的阶级理论带来了新的活力。

(二) 韦伯的社会分层理论

马克斯·韦伯(Max Weber,1864—1920),德国著名社会学家、政治学家、社会理论家,是公认的现代最具影响力和生命力的思想家之一,也是社会学自创立以来最为伟大的社会学家之一,与卡尔·马克思、埃米尔·涂尔干并称为社会学三大奠基人。他的学术成就宏大精深,影响深远,在西方社会学中,他最早提出社会分层理论,其对社会分层的理论著述主要体现在《经济与社会》《开放与封闭的关系》《政治社会中的权力分化:阶级、身份群体与政党》《权威和科层制问题论述》等著作中。韦伯的社会分层理论基于他的"理解社会学"方法论,主张社会学以社会行动为研究单位,社会存在于个体的社会行动之中,对个人的主观意图进行"理解",以理想类型方法研究社会。受其价值中立的研究理念的影响,他倾向于将社会分层作为研究社会的一种分类工具。

1. 多元分层观

在社会分层问题上,韦伯划分阶层的标准是多元的、多维度的,他的社会分层理论对马克思的分层理论进行了一定的取舍,在划分标准上作了进一步拓展。他在《经济与社会》一书中提出了社会分层的三种秩序,即经济秩序、法律秩序和社会秩序。经济秩序即经济分层,以此来区分阶级;法律秩序即权力分层,韦伯重点分析的是政党;社会秩序即声望分层,用来区别身份群体。基于经济差异形成了阶级,基于荣誉差异形成了身份群体,基于权力差异形成政党,阶级、政党(权力)、身份群体分别代表权力和资源的不同方面。在韦伯看来,阶级只是多种分层序列中的一个维度。

(1) 阶级

阶级是确立社会分层的第一个角度。阶级是指处于相同阶级地位的人的任何群体,是因为社会的等级分化而形成的具有连续性的等级序列。韦伯的阶级思想是和市场直接相关的。社会分层的实质是社会资源分配的不均等,不同的社会群体或社会地位不平等的人,占有的有价值的事物是不均等的。韦伯认为,阶级地位是通过三种"典型机会"来获得的,这三种"典型机会"分别是指获得货物供应、外在生活地位、内在生活命运的典型机会。在这里,韦伯强调了经济的力量,在市场条件下,人与人之间通过交换分配获得对资源和物品的占有,交换的过程遵循着某种最基本的规律,即一部分有产者占有、垄断资源,排除着无产者对所有高价值货物的占有,这样就形成了阶级行动的基础。"机会"是韦伯定义阶级的核心概念,涵括力特别强,将造成阶级地位差别的各种类型的资源都包括在内。这种典型的机会在一个既定的经济制度内部,产生于对货物或取得劳动效益的资格支配权力(或者缺乏支配权力)的规模和方式,或者产生于为获得收入或收益对它们的应用的既定方式。虽然他认为这种阶级的划分方式与经济收益、权力运行有关系,但是他更加看重的是"市场机会",强调的是从市场机会中获得财富和收益的方式。韦伯强调,明确无误是经济的而且与"市场"的存在相结合的利益才造就着阶级。

"产权是确立阶级的首要基础"[①],因为,个人财产上的差异能够带来市场竞争中不同的地位。基于此,韦伯在《经济与社会》中推断出,资本主义社会中至少存在着三种阶级,即有产阶级、商业阶级和社会阶级。

有产阶级(Propertied Class)是指一个主要由财产的不同来确定其阶级地位的阶级,有产阶级的形成取决于财产差异。享有正面权利的有产阶级是典型的食利者,比如矿藏、资源、设施的所有者,债权人,高门槛投资者等;享有负面权利的有产阶级是利益受损者,比如无自由者、贫民、债务人等;享

---

① 沃特斯. 现代社会学理论[M]. 杨善华,等译. 北京:华夏出版社,2000:350.

有的权利介乎正面和负面之间的是各种"中产阶级",比如以自己的财产或习得的技艺为生者。

商业阶级(Acquisition Class)是指一个主要由货物或劳动效益的市场利用机会来确定其阶级地位的阶级。商业阶级的形成取决于货物与劳务的适销性,同样分为正向利益获利者(企业家、商人、金融家或银行家、工业经营者、农业经营者、律师、医生、高级工程师、艺术家、获得垄断资格与技能的工人)与负向利益受损者(熟练工、半熟练工、非熟练工),介乎两者之间的是一些"中产阶级",比如个体农民、手艺人、自由职业者、公家或私家的官员等。

社会阶级(Social Class)是指前面这两种阶级地位的总体,由多元的阶级地位构成,韦伯没有对其作出明确的界定,只是举了四个例子加以说明:作为一个整体的工人阶级;小资产阶级;无财产的知识阶层和专家;由于财产和受教育而享有特权的阶级。处于社会阶级的人,"流动即便利又典型"①。

韦伯将阶级行动(Class Action)视为一种经济行动。经济行动是工具理性的、个体化的行动,旨在获得社会上能够提供的商品和服务的行动,所以,每个人都在追求自己的特殊利益,不太容易形成共同的集体行动。

对于阶级斗争,虽然韦伯认为并不普遍,但是也并不讳言阶级斗争。他总结了阶级成员组织起来进行阶级斗争的条件:对抗直接的经营对头,大量人员出于相同阶级状况,集中在劳动场所,阶级外部的知识分子引导阶级成员理解斗争的目标。韦伯更重视阶级斗争形成的主观意识条件,如舆论环境、领袖的号召等,而不单纯只是客观上生活机会的差异。

(2) 身份群体

身份群体又被译为等级群体、地位群体,是社会分层的第二个角度。韦伯对社会分层理论的一个重大贡献,就是提出并定义了身份概念。身份群体与阶级不同,阶级是由经济地位决定的,身份群体则是由社会评价所制约

---

① 韦伯.经济与社会:第一卷[M].阎克文,译.上海:上海人民出版社,2010:423-424.

的声望荣誉决定的,身份群体的划分更加主观。身份是指社会对于声望荣誉的正面评价或负面评价,社会评价从肯定到否定构成了高低有序的阶梯,身份地位即指人们在这一阶梯中所处的位置,获得同样评价的人就是同一身份群体。韦伯在《经济与社会》一书中指出:身份地位应该是指一种在社会评价中典型有效地要求的特权化或特权受损害①。

韦伯把身份和身份群体概念引入社会分层理论,原因是"为了质疑马克思纯粹阶级分析的论点,尤其是阶级两极分化的论点",这种纯粹的阶级分析,忽视了相互对峙的两大阵营之间还存在着的中间地带。韦伯则从市场角度分析,认为市场上的每个人凭借个人不同的条件追求不同的目的,阶级分类成越来越小的部分。阶级内部不同身份和身份群体的形成就阻碍了阶级的统一性和一致性,大规模的阶级对抗的可能性微乎其微。

韦伯对阶级与身份作出如下区分:"阶级"是根据同货物的生产和获得的关系来划分的,"身份"则是根据其货物消费的原则来划分的,表现为生活方式的特殊形式②。身份群体的分类界线可以与阶级的分类界线相互冲突、共存或重叠。有的情况下,身份群体的分类界线由阶级来决定,但多数情况下,身份群体的确定标准与物质财富的拥有是相违背的。也就是说,身份群体违背了经济市场的原则,因为按照市场原则,财富和地位是正相关的,然而在身份群体的标准中,一个暴发户由于没有教养而可能没有地位,受到上流社会鄙视;而一个没有财产,但受过很好教育的翩翩君子,却可能很有地位。身份群体的区分显示了韦伯的所谓"价值合理行动",即建立在行动者对事物的价值判断、信仰基础上的行动。这种行动并不计较经济上的利益得失,而是价值观判断的结果。

身份群体虽是主观声望评价的结果,但也有其产生基础:生活方式、正式的教育、出身的声望或职业的声望。韦伯认为,"身份的典型基础是生活方式,它包括正规教育,这种教育可能是经验式训练,或者理性的培养及相

---

① 韦伯.经济与社会:上卷[M].林荣远,译.北京:商务印书馆,1997:337-338.
② 韦伯.经济与社会:上卷[M].林荣远,译.北京:商务印书馆,1997:338.

应的行为方式,还包括继承的或职业的声望"①。身份的形成源自对一些观念、财富、机会的垄断,这样的垄断性占用,导致了身份群体的排他性。一般而言,垄断的内容不同,身份群体也就不同。比如,生活方式相同,职业类型相同,就会成为"自封的"或职业的身份群体;通过世袭就形成了世袭的身份群体;通过垄断性占用政治或僧侣的权力,就形成了政治或僧侣身份群体。

身份群体一经形成,一般会采取以下方式维持"共同体"的界限:

一是门当户对的婚姻。如家庭依据选择同样身份地位者的兴趣,垄断或控制了家庭成员与他人的婚姻和求婚者。

二是垄断特权或方式。设置一些禁忌,使得他人难以进入,如通过政治、宗教权威垄断社会资源;或是将身份方面的分层与精神或物质的机会的垄断相联系,比如特殊的物品、特殊的服饰、特殊的优先权等。

三是生活方式。包括职业文化的特殊类型,非本群体的人难以进入。

四是行为惯例。在同一个圈子里的人,按照共同的约定行事,群体内部成员有默契的共同体行为,而不是模仿做作的行为,这样身份群体就形成了。行为惯例可以制造非理性的消费条件,某些垄断的特权促使一些资源不能进入自由流动的市场,阻碍自由市场的形成。

五是来自出身的排他。韦伯将此称为出身继承魅力,即由于出身带来的声望或是负面的影响等。

在维持身份共同体界限的时候,韦伯使用了社会屏蔽(Social Closure)、社会接纳(Social Inclosure)、社会排他(Social Exclosure)等概念。韦伯在《开放与封闭的关系》一文中将经济和社会关系分为两大类,即开放性关系和封闭性关系。开放性关系是任何人都可以加入的关系;封闭性关系是有特别资格的人才可以加入的关系。他认为,各个社会集团都试图将获得资源和机会的可能性归属到具有某种资格的小圈子里,排挤、限制某些人进入,社会屏蔽就是为此设定的一套资格的程序,选择一些社会的或自然的属

---

① 韦伯.经济与社会:第一卷[M].阎克文,译.上海:上海人民出版社,2010:425.

性作为排他的正当理由。事实上,韦伯一开始并没有将这一概念同分层思想联系起来,但是后来的新韦伯主义者认为,这种宏观结构的排斥过程导致了阶级和身份群体的产生,为社会分层理论的地位准入机制研究提供了洞见。后来,新韦伯主义者帕金对"社会屏蔽"进行了详细阐述,形成了帕金社会分层主要概念。

身份秩序形成的重要结果有两个。一个结果是阻碍了市场的自由发展,因为"身份群体通过无论是在法律上还是惯例的影响下的垄断直接阻止了某些货物进入自由交换"①,所以,垄断遏制了自由市场的发展,也抑制了个人的获利能力。另一个结果是,若为了获得经济利益而工作,则有可能失去身份的资格,"为报酬而工作常常会导致丧失资格,这本身就是身份分层原则的直接结果,当然,也是该原则反对由市场调整权力分配的直接结果"②。

身份群体主要通过垄断财富、机会,或是以封建制、等级家产制的方式来满足自身需求,有别于市场取向经济的商业阶级,所以,身份群体最有可能形成于有产阶级,最终会形成社会阶级,而不可能会形成商业阶级。

(3) 政党

在现代社会中,政党是社会分层的第三个角度。政党的社会行动与"联合体"是密切相关的,因为"只有在具备联合体性质的群体中,才可能形成政党。该群体有着某种理性秩序,有一帮随时准备使秩序生效的现成人员"③。

马克斯·韦伯认为,政党"按其最内在的本质是自愿建立的和旨在自由招募的和不得不总是更新的组织……由党的有关利益者组成一个持久的、联合在一位领袖之下或者一个绅士之下的核心,往往拥有很不同的、固定的分支,有着很发达的官僚体制,这个核心负责财政筹资,靠政党捐助者或者间接的有关利益者或者职位荫护的有关利益者的资助,或者由党员交

---

① 韦伯.经济与社会:第一卷[M].阎克文,译.上海:上海人民出版社,2010:1074.
② 韦伯.经济与社会:第一卷[M].阎克文,译.上海:上海人民出版社,2010:1073.
③ 韦伯.经济与社会:第一卷[M].阎克文,译.上海:上海人民出版社,2010:1075-1076.

纳党费。它决定党的纲领、行为方式和候选人"。政党"或者是——例如在自从关于宪法的解释不再有大的对立以来的美国——基本上是官职荫护的组织。它们的目标仅仅是通过选举，把它们的领袖送到领导的职位上，以便让他随后把国家的职业分给他的追随者：党的官员机构和竞选机构"。

政党是为了达到特定目标而积极活动的群体。阶级、身份群体没有明确的政治目标，而政党通常有明确的政治目标。一个政党，既可能代表阶级利益，也可能代表身份群体利益，也可能同时代表两者的利益。同样，政党既有可能从阶级中吸收成员，也可能从身份群体中吸收成员，也可能从其共同体中吸收成员。政党的目的是确保领袖在组织内部的权力，使政党内部的成员得到观念或者物质上的利益。所以，政党的社会行动目的主要是客观政策的实现，或是个人利益的满足，再或者是两者兼而有之。

政党最重视权力，这是权力产生的一个重要现象。韦伯认为，原则上讲，在大的共同体内部都会有党派化的倾向，不论是俱乐部还是国家，内部都存在着政党派别。因此，政党作为一种政治利益群体，最为重视政治权力，并且追求派别化。

分层的权力维度最重要的方面是组织理性化的秩序——科层制。一些利益集团为了谋取自身利益，而不断寻求国家的保护，导致了政府科层组织的扩张。随着工业化的推进，科层组织日益扩大，对社会的影响不断加强，如同一个"铁笼"（iron cage）将人类装入其中。科层的出现，是大型复杂工业社会发展的产物，科层作为一种支配手段，成为一项重要的分层机制，它为一个集团凌驾于另一个集团提供了控制手段，科层权力也成了重要的争夺目标。

政党组织形式多样，有的由具有超凡魅力的领袖的信徒们构成，有的可能由传统的扈从或者兼持目的理性和价值理性的追随者构成。在现代国家中，韦伯通过将政党分为群众性政党与世界观政党的方式，视群众性政党为"官职庇护的组织"，视世界观政党为"想服务贯彻有实质内容的、政治的理想的组织"，将政党分为两种理想类型，即官职庇护型政党和世界观政党。

政党兼具群众性政党和世界观政党二者的共同特征,这也是工具理性和价值理性在现代国家政治生活中的反映。"它们有事业的、政治的、由传统继承下来的而且要考虑到传统只能慢慢改变的目标,但是除此之外,还力争职位的庇护,首先是领导职位,即那些具有政治性质的职位,由它们的领导人去占领"。而且,韦伯还认为,"一切政党斗争不仅是为争取事业的目标的斗争,而且首先是为争取职位荫护的斗争""随着竞选斗争技术的日益理性化,所有的政党按其内部的结构,都向着官僚体制的组织过渡"。

政党具有自由招募党员的特征,具有入党自愿、退党自由的唯意志的基础,这些都是政党的本质属性。

2. 共同体与社会分层

韦伯将社会分层的思想建立在对"共同体"的分析之中。

何为共同体?韦伯频繁使用的"共同体"这一概念,是指如果"参与者主观感受到的(感情的或传统的)共同属于一个整体的感觉,这时的社会关系,就应当成为共同体"。但是仅有共同境况和共同感觉是不够的,要在此基础上,不仅在他们个人与环境之间,而且以某种方式,在他们双方的相互行动中互为取向,他们之间才出现了社会关系,而只有将这种社会关系打上同属于一个群体的印记时,才产生了"共同体"。所以,"共同体"是一种特定的社会关系,其成员以共同取向行为作为基础,外在表现为成员相互认同的感受。

韦伯社会分层的思想体现在他对共同体的分析之中。他从阶级、身份群体、政党三个方面揭示共同体,阶级与经济秩序相联系,身份群体与社会秩序相联系,政党与政治(法律)秩序相联系。这三种共同体分别有以下几个特点:第一,有一定的区域界限;第二,有提供为其统治所需物质力量的能力;第三,有对于共同体内的社会互动的明确规定;第四,有一套被成员认可为合法的法律规范体系[①]。人们生活在这三种共同体里。但是韦伯认为这

---

① 李强.社会分层十讲[M].北京:社会科学文献出版社,2008:14.

三种共同体发挥的作用以及他对这三者的重视程度是不一样的:阶级不是确定意义上的共同体,人们的互动与联系不大,形成的多是"不完全的大众反映";他更看重身份群体的互动特征,比如某一大学生的学生群体,虽然来自不同的阶级,但是他们有着相似的身份,联系密切,互动更强;同样,政党作为具有一种理性制度并执行这种制度的共同体,内部也有着联系密切、互动性强的特点,但是由于群体范围较窄,仅对党派的人有约束力,而对大众不能形成普遍约束力。

"分层"强调的是垂直的地位差异,"共同体"从弥合地位差异的视角,强调的是横向的认同和互动,所以"共同体"显然是一种弥合差异的视角,有利于缓和层与层之间的矛盾与冲突,促进社会和谐与稳定。

对于阶级、身份群体、政党三者之间的关系,韦伯认为,阶级的真正故土在"经济制度"里,身份群体的真正故土在"社会制度"里,政党的真正故土在"权力"领域里。三者具有相对的独立性,相互影响,而不是单向的决定关系。

首先,三者并不等同,是相互独立的,不能相互替代。在理论分析层次上,它们是各自独立的,三者有一定的区域界限,每一个都可以单独作为社会分层的标准,也就是说它们之间并不必然地存在因果决定关系。但是,这不意味着这三个分层属性都同等重要,在一定条件下某一分层属性会占重要地位。

其次,在不同的历史阶段和不同的社会分层体系中,三者的重要性是不一样的。在种姓社会中,身份群体维度更重要;在资本主义社会早期,经济维度更重要;在现在社会中,科层权力维度更重要。

再次,三者是相互影响的。经济秩序决定着社会秩序、政治(法律)秩序。韦伯在《政治社会中的权力分化:阶级、身份群体与政党》一书中讲到:阶级状态是最重要的支配因素。政党独立于阶级和身份地位对分层的影响,阶级和身份群体利用政党这一工具进行斗争。

总之,在韦伯看来,阶层的划分是多维度的,是阶级、身份群体、政党共同作用的结果。分层是可以发生变化的,但是分层的各个维度的变化程度是不一样的。一个人的阶级地位分层可以根据财富的增减而发生变化,但是身份地位却是相对稳定的,也维持着社会结构的稳定。同一阶层之内,价值观念不一定会统一,即使在一无所有的无产阶级内部,也会因为民族、种族、肤色等原因而产生完全不同的意识;荣誉方面表现出来的差异,在一个阶级内部也会产生几种完全不同地位、不同意识形态的群体。分层具有一定的流动性。韦伯认为层与层之间的矛盾没有像马克思所强调的那样激烈冲突,在一定条件下才会爆发出来。层与层之间的矛盾取决于社会流动的程度,赋予人们一定的获得财富、权力、声望的机会,在一定程度上会舒缓层与层之间的关系。同时,韦伯也客观地指出了流动率的下降总是与不平等相伴而生。

通过上述研究可以发现,韦伯打破了一元分层的评价框架,采用了多元分层标准,给后来的社会分层理论带来了很多启示。但是他的理论也不是完美的,主要表现在:他的三元分层指标各自成体系,很难进行相互间的比较;重视从微观角度来认识和解释社会分层现象,缺乏宏观社会结构视角下的研究。随着科学方法论的新发展,韦伯的人文主义方法论吸收了实证主义的方法和立场,在此基础上,新韦伯主义社会分层理论出现。

(三) 涂尔干的"分工分层论"

埃米尔·涂尔干(Émile Durkheim,1858—1917),又译为迪尔凯姆、杜尔凯姆、杜尔干等,法国学院社会学的创始人,古代或原始社会研究方面最有影响的早期理论家,法国犹太裔社会学家、人类学家,法国首位社会学教授,《社会学年鉴》创刊人,现代(实证主义)社会学奠基人,与卡尔·马克思及马克斯·韦伯并称为社会学的三大奠基人,主要著作有《社会分工论》《自杀论》《社会学方法的规则》《职业伦理和公民道德》《道德教育》等。

功能主义取向的社会分层研究,虽然萌芽于孔德、斯宾塞、帕累托等早期社会学家,但却奠基于涂尔干,他最早按照功能主义思路从社会分工和社会团结角度,系统探讨了社会分层的必然性和重要性。随后,帕森斯进一步从社会系统论角度,完善了社会分层的分析框架和解释逻辑;戴维斯和莫尔继承了涂尔干的社会有机体观点,清楚阐释了功能主义取向的社会分层原理;布劳和邓肯则从方法论上解决了概念操作化问题。与马克思和韦伯一样,涂尔干同样很关心社会分层问题,虽然他对社会分层的研究比较分散,几乎没有公开讨论过分层、分层标准等核心概念,但不可否认涂尔干在社会学领域的地位和在社会分层研究领域中作出的贡献。总体而言,涂尔干的分层理论可以从宏观、中观、微观三个角度去分析。

1. 宏观上,从社会整体结构角度分析社会分层现象

涂尔干对社会分层始终未当作一个单独的问题来研究,社会分不分层,如何分层,这些问题都是与社会结构功能密切相关的,社会组织状态决定了社会分层状态。他在《社会学研究方法论》一书中明确说道:社会现象不能用主观去理解,也不能用常识去推理,而只能通过社会去解释①。所以,社会整体结构决定层级关系,在特定的社会结构下,社会分层也有着与之相适应的、合理的特定形式。社会结构和社会分层之间存在着因果关系,可以证实或推导,这是其社会分层思想的理论基础。这就回答了为什么社会分层现象在所有的社会中都会出现的问题。

2. 中观上,从社会分工角度论述社会分层必要性

长期以来,涂尔干重点强调社会的团结和整合,他对于社会中存在的问题,没有从阶级阶层角度去分析,而是从社会分工角度去理解,强调社会分工带来的社会"不平等",以此来研究社会分层的重要性和必要性。涂尔干在《宗教生活的基本形式》一书中,深刻阐述了社会分层与机械团结之间有密切关系,不平等现象是直接与机械团结相联系的,这是他对社会分层产生原因的分析。

对于社会分工产生的必要性,涂尔干说:"社会容量和社会密度是分工

---

① 迪尔凯姆.社会学研究方法论[M].胡伟,译.北京:华夏出版社,1988:82.

变化的直接原因,在社会发展的过程中,分工之所以能够不断进步,是因为社会密度的恒定增加和社会容量的普遍扩大。"[1]随着社会容量(人口的数量及关系)和社会密度(社会成员之间相互交往的频率和强度)的增加,原有的生存资源和生存空间就会变得相对匮乏,导致人们之间生存竞争不断加剧。"两个有机体越是相似,就越容易产生激烈的竞争""各种职能越是比较相近,接触点越多,就越容易产生激烈的竞争"。竞争总有胜负,竞争失利的一方为了能够继续生存下去,就不得不进行改革,确立一个新的职业领域。当新的职业领域出现后,原有的竞争关系就趋向缓和,而职业领域之间区别越大,就越不容易产生竞争。但是,随着社会的进一步发展,人们之间的竞争也会随之增加,并再次加剧,这样新的一批职业领域又会产生,如此循环,社会分工也就越来越专业,越来越细致,然后导致以高度劳动分工为特点的工业社会的形成。所以,正是生存竞争关系和社会分工的存在和发展,构成了社会分层发展的原因。

社会分工产生新的社会团结。涂尔干认为,社会分工的发展带来了许多社会后果,其中一个最重要的结果就是提供了社会团结的新纽带,改变了社会团结的基础。他提出了两种著名的社会团结类型——"机械团结"和"有机团结"。"机械团结"指的是通过强烈的"集体意识"(所有群体成员的共同感情和共同信仰)而把个体联结起来的一种社会结合类型,它强调团体的一致行动,个体的独立意识弱。"有机团结"则是指通过职能上的相互依赖而将个体联结起来的一种社会结合类型。社会成员之所以结合在一起主要不是因为集体意识,而是因为这种功能上的相互区别和相互依赖而必须结合在一起,谁也无法离开[2]。社会分工破坏了以相似性为基础的机械团结,创造了以差异性为基础的有机团结,使得人们以一种新的方式联结起来。正如涂尔干在《社会分工论》一书中所说的,分工的最大意义并不在于提高劳动生产效率,而是在于它对整个社会整体发挥作用,它将整个社会紧

---

[1] 涂尔干.社会分工论[M].渠东,译.北京:生活·读书·新知三联书店,2000:219.
[2] 李培林,谢立中.社会学名著导读[M].北京:学习出版社,2012:4.

密地结合起来,使社会成为可能[1]。此外,涂尔干还说:"社会的凝聚性是完全依靠,或至少主要依靠社会分工来维持法律和谐价值的理论基础的,社会构成的本质特征也是由分工决定的。"[2]社会分工和有机团结本身,必须借助法律的确定性才能实现,法律是社会团结的主要形式,应该致力于发掘法律的社会团结功能。

3. 微观上,从职业角度分析社会分层依据

职业共同体分层思想的提出。涂尔干认为,经济的不断发展使得社会出现极端混乱的状态,道德滑坡,信任撕裂,出现了社会失范问题,传统的人们赖以联系和维持团体的方式被撕裂,比如,原来联系人们的是家庭、邻里、村落等熟悉群体、熟悉关系,而在社会转型后,这种方式难以为继,就必须建立一个新职业群体,建立新的规范体系。涂尔干在寻找实现社会团结、社会整合的新途径和新方式的时候,他提出了职业群体这一渠道:"相互依存的职业群体将变成国家与个人之间的协调者,创造出有机团结。"他认为唯有作为国家和个人之间的协作者的职业群体方可担此重任,继而创造出以职业群体为基础的"有机团结"的新社会结构。于是涂尔干提出了职业共同体分层思想,以职业为载体来治理全面失衡的社会秩序,从职业角度分析社会分层依据。

职业是现代社会分层的基本标准。在涂尔干功能主义分层理论中,人类历史发展的重要起点就是分工,分工的最大的意义在于对社会整体发挥作用,使整个社会紧密结合,从而使社会和谐成为可能。但是有分工就必然会产生差异,在任何社会的分工体系中,总有某些工作被视为比其他工作更重要,能力不同的个体被工业化逻辑自然地分配在不同重要程度的岗位上,让最有才能的人承担最重要的工作,让弱者承担较轻的工作。社会分工和社会分工的差异促使了同职业和不同职业地位差异的形成,从而形成了社

---

[1] 涂尔干. 社会分工论[M]. 渠东,译. 北京:生活·读书·新知三联书店,2000.
[2] 涂尔干. 社会分工论[M]. 渠东,译. 北京:生活·读书·新知三联书店,2000:26-27.

会分层的必然,优胜劣汰成为分层的基本原则。所以,职业群体是社会群体的基础,社会分层应该以职业为维度。

从职业分工与社会整合讨论社会分层。功能主义分层造成了"不平等",而职业分层最终导致人类不平等的消失。涂尔干说:"所谓分工,就是去分担以前的共同职能。"[①]社会分层的核心概念是差异。在涂尔干的观点里,个体的自然差异引发了最初的社会分工。人类社会的出现产生了最简单的分工,人与人之间的不平等也随之产生了。从社会功能的角度看,这种不平等就是维护机械团结的必要条件。人类社会之所以会有不平等,之所以要分工,是社会的整体结构与功能需求所决定的。涂尔干从社会分工视角研究社会分层,以社会整合为出发点,用分工的差异来解释人们的地位差异、层级差异,也就是说横向的分工导致纵向的分层,这个说法比较温和,更容易缓和矛盾。随着有机团结社会转变的形成,人与人的差异越来越大,异质性增加,社会整体意识转变为一种平等的意识,各职业之间的联系更为密切,相互之间的依赖关系更强,于是公平的契约促成了职业之间的平等。由此,人与人之间的不平等也逐渐走向平等,最终导致人类不平等的消失。

职业共同体思想也存在自身的不足,比如对现代社会的整合过于理想化,忽视了职业群体的内部矛盾,忽视了不同职业群体之间的层次性和纵向流动性,忽视了政治群体和以家庭、社区为主的社会群体的功能和作用等。

总体来看,涂尔干的分工分层思想也属于多元分层思想,这一点和韦伯的思想具有共通之处。同时,他还兼顾了马克思的经济和韦伯身份群体的思想内涵,提出了不同于两位理论家的分工分层思想。他的分层思想一方面从宏观的社会结构的视角出发,另一方面还将分工基础上的职业共同体纳入研究体系。从对社会整合的意义来看,涂尔干的分层思想更为现实,尤其是在社会转型、社会巨变的时候,职业显然成为社会整合的最有效渠道。特别是当前中国面临百年未有之大变局,既要有宏观的社会结构认知,也要

[①] 涂尔干.社会分工论[M].渠东,译.北京:生活·读书·新知三联书店,2000:234.

第一章 高校毕业生社会流动相关理论

发挥职业共同体的作用,因为职业共同体作为一个社会最广泛的共同体,覆盖人群广泛,社会包容性也较强,发挥的作用更大。

四 中国社会分层研究

中国社会分层研究也经历了一段发展历史,这一部分主要按照历史发展脉络,选取比较有代表性、有影响力的理论和研究成果来分析我国主要的社会分层研究成果。比较早的、影响范围比较广的分层理论当属毛泽东的社会分层理论;而进入21世纪以来,相关研究著述比较丰富,主要是参考了陆学艺的社会分层理论。

(一) 毛泽东社会分层理论

毛泽东的社会分层理论是社会学研究的典范,他也非常注重社会分层研究。他在继承马克思阶级分层理论的基础上,又吸纳了韦伯阶层分层理论的合理成分,并结合中国实际和革命需要,对中国社会分层现象进行研究,形成了毛泽东社会分层思想。毛泽东社会分层思想历史跨度大,随着社会革命和社会发展不断前进,其分层思想也在不断地发展和完善。

1. 经济分层是毛泽东社会分层理论的研究起点

毛泽东于1903年读严复翻译的《群学肄言》,受到了社会学思想的启蒙。1919年五四运动后,马克思主义在中国传播开来,国内先进知识分子开始学习和研读马克思主义的著作。以毛泽东在《湘江评论》发表的《民众的大联合》一文为标志,他对中国社会问题的研究开始注重社会结构特别是阶级结构的分析,按照阶级分析的方法,以经济分层为标准,分析当时中国的社会结构和社会力量,寻找中国革命的出路,形成了科学的社会观和社会构想。

2. 经济分层和政治分层成为毛泽东社会分层理论的双重标准

在中国大革命阶段,毛泽东发表了《中国社会各阶级的分析》和《湖南农民运动考察报告》两篇著作。文章中,毛泽东围绕中国社会各阶级的经济地位和政治态度,根据马克思主义生产力与生产关系、经济基础决定上层建筑的基本原理,对中国社会各阶级进行分析,形成了社会分层的两大标准:一个是根据政治标准进行分层,考察各个社会群体的政治态度;另一个受马克思阶级分层思想影响,坚持根据经济标准进行分层,以此形成了当时中国的社会分层体系。

在1925年发表的《中国社会各阶级的分析》一文中,毛泽东根据经济分层,将中国社会划分为六大阶级,并通过调查和研究,寻找革命的力量:地主阶级和买办阶级是极端反革命,特别是大地主和大买办阶级,他们始终站在帝国主义一边,完全是国际资产阶级的附庸,代表中国最落后、最反动的生产关系;民族资产阶级具有摇摆性,既需要革命又怀疑革命;小资产阶级革命性分析就比较复杂一些,右翼对革命持怀疑态度,中间派持中立态度,左翼持革命态度,但是随着革命热潮的高涨,小资产阶级都加入到革命中来;半无产阶级比较易于接受革命;无产阶级是最进步的阶级,是革命的领导力量;游民无产者可以变成革命力量。总之,"一切勾结帝国主义的军阀、官僚、买办阶级、大地主阶级以及附属于他们的一部分反动知识界,是我们的敌人。工业无产阶级是我们革命的领导力量。一切半无产阶级、小资产阶级,是我们最接近的朋友。那动摇不定的中产阶级,其右翼可能是我们的敌人,其左翼可能是我们的朋友——但我们要时常提防他们,不要让他们扰乱了我们的阵线"①。上述分层模型成为中国共产党发动革命的重要理论基础,以至于在1949年新中国成立以后,中央人民政府政务院有关定成分的规定仍是以此为蓝本。

---

① 毛泽东.毛泽东选集:第一卷[M].北京:人民出版社,1991:9.

表1-1 毛泽东的阶级分类

类别	经济分层	政治分层
地主阶级、买办阶级	大地主、外国买办资产阶级、官僚资产阶级、中小地主	帝国主义势力、国民党右派、军阀、官僚、土豪劣绅、开明绅士
中产阶级或民族资产阶级	城市资本家、农村资本家、农村富农	不开明绅士、开明绅士、民族资产阶级右翼、民族资产阶级左翼
小资产阶级	自耕农、手工业主、小商人、自由职业者、小知识阶层、青年学生	小资产阶级右翼、小资产阶级中间派、小资产阶级左翼
半无产阶级	下中农、贫农、小手工业者、店员、小贩	革命同盟军
无产阶级游民无产者	城市工人、农村雇工	革命领导力量

数据来源:毛泽东.毛泽东选集:第一卷[M].北京:人民出版社,1991:156.

1933年,毛泽东发表了《怎样分析农村阶级》一文,这篇文章是为了纠正在土地革命工作中发生的偏差、争取解决土地问题而写。毛泽东同样根据经济和政治标准进行了农村社会阶级的划分,共分为五个阶层:地主(政治代表有军阀、官僚、土豪、劣绅)、富农(政治代表有较小的军阀、官僚、土豪、劣绅)、中农、贫农和工人,各个阶级精准定义,特点清晰,精准分辨,使得这种区分方法成为划分农村各阶级的标准。

3. 双重分层标准的调整与变化:毛泽东分层思想的中国特色与创新

在革命年代,毛泽东在阶层划分上采用马克思社会分层理论,同时明确了各阶级里面不同的政治身份、政治立场,以此来指导中国革命。但是需要注意的是,这两个标准并不是地位等同的,也不是一成不变的,而是会根据革命形势的发展变化而不断变化的,比如统一战线思想,这一观点就具有鲜明的中国特色,毛泽东据此进行中国社会结构分析,正确认识中国革命的领导力量、依靠力量、革命对象,同时还根据具体革命发展形势和革命对象的变化,适时调整革命力量的划分,团结一切可以团结的力量,最大限度地"获得大量同盟者"来战胜强大的敌人,也为制定正确的革命路线提供了重要依据。

再如,在大革命时期(1924—1927年),为了促成国共合作,共同反对北洋军阀统治,建立统一战线,这一时期的毛泽东分层思想则淡化了经济分层。在九一八事变以后,中日民族矛盾上升为中国社会的主要矛盾,为建立最广泛的抗日民族统一战线,这一时期也弱化了经济分层,重点通过政治标准划分革命者和反革命者。在1935年发表的《论反对日本帝国主义的策略》一文中,毛泽东在阐述"人民共和国"口号时进一步指出:"这个政府的成分将扩大到广泛的范围,不但那些只对民族革命有兴趣而对土地革命没有兴趣的人,可以参加,就是那些同欧美帝国主义有关系,不能反对欧美帝国主义,却可以反对日本帝国主义及其走狗的人们,只要他们愿意,也可以参加。"①即使过去的革命对象,在特殊历史背景下,也可以团结起来,成为民族革命的联合对象。这一分层标准的调整,对中国革命的胜利产生了重要促进作用,也成为毛泽东分层思想创新理论品质的表现。

总之,毛泽东社会分层理论是在二十世纪二三十年代根据对中国社会的调查研究而形成的,主要目的是唤醒斗争意识,改造社会制度,推翻半殖民地半封建社会统治,因此非常强调阶级关系的对抗性和和斗争性,对于指导中国革命实践发挥了巨大作用。但是在1949年新中国成立以后,在中国社会发生极大变化的情况下,仍然采用阶级分层的思想;并且在过去相当长的一段时间里,我国一直主张"阶级分析为主"的社会分层理论。这种冲突论分层观念的盛行,形成了中国特色的社会主义初级阶段的阶级划分理论,强调阶级冲突和阶级斗争,坚持无产阶级专政。

(二) 改革开放后的社会分层研究

改革开放以后,随着社会学学科的恢复与重建,社会学家开始了对社会

---

① 毛泽东.毛泽东选集:第一卷[M].北京:人民出版社,1991:156.

分层的研究。改革开放后,以经济、组织、文化资源占有为基础,以职业为表征的新的社会阶层分化,逐渐取代了过去的以政治身份、户口身份和行政身份为依据的分化。

1. 1979—1999 年,功能论分层观成为主流

从 1979 年到 1999 年间,冲突论受到质疑,功能论分层观成为主流。改革开放后,纠正了新中国成立以来过于强调政治标准的错误,广泛调动社会各界积极力量来发展社会经济,经济标准成为社会分层的第一标准,以阶级斗争为核心的阶级分层理论受到质疑,功能论则越来越受到推崇,成为社会分层研究的主流思想。之所以发生这样的改变,主要是经济上的改革开放促使社会结构层面发生了很大变化,出现了新群体——个体工商户、私营企业主、雇工等,社会各个群体之间差距拉大,工人阶级、农民阶级内部也产生了分化,社会流动加快。基于社会发生的这样的变化,一些社会学家认为当前已经不存在矛盾不可调和的阶级了[1],要跳出原有的分层标准,主张多元分层标准[2],特别是与教育和收入密切相关的职业声望分层也越来越受到重视,普遍认为出现的新群体包括私营企业主,也是建设社会主义的积极力量。于是在这样的社会背景下,社会分层研究冲破原有的阶级分层思想的桎梏,运用功能主义分层思想解释社会问题,比如,"多元"取代"一元","阶层"取代"阶级",认为社会经济分化有其存在的必要性和合理性,把社会成员按照能力水平和贡献大小分配到不同社会位置上,配以相应的声望地位和经济收入,这样的社会分化符合多劳多得、能者多得的市场竞争原则,能够促进社会经济发展。

2. 进入 21 世纪以后,冲突论与功能论并存

进入 21 世纪以后,冲突论回归,与功能论并存。随着经济社会发展进入

---

[1] 雷弢,戴建中. 当今中国社会分层研究构想[J]. 北京社会科学,1986(4):110-116;王煜,雷弢. 社会分层理论:方法论上的选择[J]. 社会学研究,1988(5):70-72.
[2] 张宛丽. 非制度因素与地位获得:兼论现阶段中国社会分层结构[J]. 社会学研究,1996(1):64-73.

深水区,收入差距拉大,新的社会阶层出现,阶层分化趋势显著,社会地位差异明显,社会矛盾凸显,社会分化日益突出,社会分层重回阶级阶层问题研究,冲突论回归。这一时期的研究普遍认为,当前的中国存在阶层但不存在阶级,不同社会群体之间有利益冲突但是并不是不可调和,而是相互协作;当前社会分化、收入差距问题,核心是一个"中等收入群体(阶层)"的培育和扩大问题①。这一时期最具代表性、影响最为广泛的一项研究成果是2002年由陆学艺主编的《当代中国社会阶层研究报告》。该作为中国社会科学院社会学研究所"当代中国社会结构变迁研究"课题组的重要研究成果。书中运用阶层分析学说,以经济资源、组织资源、文化资源占有为基础,以职业分类为基础,通过大量翔实的调查数据首次描述了中国社会阶层结构,将中国社会划分为十个社会阶层,形成划分社会阶层的理论框架。该作系统揭示了伴随我国改革开放和现代化建设进程而出现的新的阶层分化现象并引发了社会上关于阶级和阶层研究的高潮。该作将资源划分为三种,即组织资源、经济资源、文化资源,三种资源的拥有状况决定着各社会群体在阶层结构中的位置以及个人的综合社会经济地位。组织资源包括行政组织资源和政治组织资源,是指依据国家政权组织和党组织系统而拥有的支配社会资源(包括人财物)的能力,是最具有决定性意义的资源;经济资源是指对生产资料的所有权、使用权和经营权,自20世纪80年代以来,经济资源变得越来越重要,但是现有的社会制度和意识形态都在抑制其影响力的增长;文化资源是指社会(通过证书或资格认定)所认可的知识和技能的拥有,文化资源在社会流动中的作用非常重要,拥有较好的文化资源能促使个体得到快速上升,它的作用并不亚于经济资源。这十个社会阶层在上述组织、经济、文化三种资源方面的占有情况不同,差异明显,依据职业地位的高低和资源拥有量的多少,十个阶层形成了高低排序的等级结构。

---

① 李路路,王薇.新社会阶层:当代中国社会治理新界面[J].河北学刊,2017,37(1):136-140.

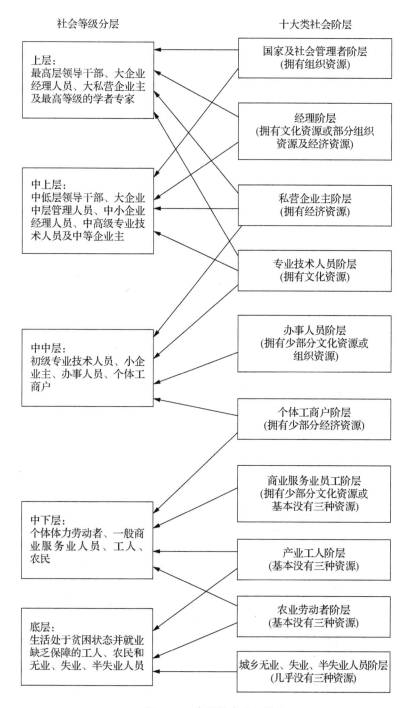

图 1-1 中国社会阶层结构

数据来源:陆学艺.当代中国社会阶层研究报告[M].北京:社会科学文献出版社,2002.

国家及社会管理者阶层，在社会阶层结构中居于最高的地位等级，是最主导性的阶层，是执政党和政府意志的代表和体现。

经理阶层，新出现的或正在形成中的阶层，是市场化改革的最积极的推进者和制度创新者，他们代表着先进生产力和现代经济体制的发展方向。

私营企业主阶层，该阶层的政治地位一直无法与其经济地位相匹配，他们对社会政治生活的参与受到极大局限。

专业技术人员阶层，是现代工业社会中间层中的主干群体，他们既是先进生产力的代表者之一，也是先进文化的代表者之一。而且，他们还是社会主导价值体系及意识形态的创造者和传播者，是维护社会稳定和激励社会进步的重要力量。

办事人员阶层，这一阶层是社会阶层流动链中的重要一环，其成员是国家及社会管理者、经理人员和专业技术人员的后备军，同时，工人和农民也可以通过这一阶层实现上升流动。这一阶层也是现代社会中间层的重要组成部分。

个体工商户阶层，目前它是吸纳下岗工人、失业待业人员和无地可种的农民的一个重要阶层。

商业服务业阶层，目前中国商业服务业层次较低，这一阶层的绝大多数成员与产业工人阶层相似，随着第三产业的发展，这一阶层的人员数量会越来越多。

产业工人阶层，社会政治经济地位明显下降，导致人员构成发生了根本性变化：一部分人经过教育和技术培训进入较高的阶层；留在工人队伍的人大多数文化水平较低；此外，农民进城务工，因户籍差异形成了"农民工"这一相对独立的群体，成为该阶层中重要的组成部分。

农业劳动者阶层，几乎不拥有权力资本，文化资本、经济资本也非常有限，按照我国橄榄型社会结构的模型来看，这一部分的就业群体仍然很大。

城乡无业、失业、半失业阶层，这一阶层不包括在校大学生，但包括大学毕业后由于就业机会减少导致新进入劳动力市场的待业大学生这部分群体。

高校毕业生社会流动状况主要研究其横向的地域流动和纵向的职业阶层流动,作为当前学术界比较有影响力的社会分层的理论成果,陆学艺的社会分层理论是研究当前大学毕业生社会流动状况主要参考的研究成果。

第二章
高校毕业生就业流动历史演进

随着经济社会的发展,高校毕业生的社会流动不论是地域的广度,还是纵向流动的深度,都与以往大不相同,流动的活跃度、自由度有了较大变化。当前高校毕业生社会流动的现状和以往高校毕业生社会流动的历史密切相关,只有把新中国成立以来我国高校毕业生社会流动的历史梳理清楚,才能深刻理解当前高校毕业生社会流动的现状,为分析和研究并做好高校毕业生的就业工作打好基础。

新中国成立以来,中国经济体制经历了两次转型:第一次是新中国的成立,社会实行三大改造,社会主义制度逐步建立和巩固,效仿苏联进行经济体制改革,由私有经济占优势变为公有制经济占绝对优势,计划经济体制开始形成;第二次是实行改革开放,由单一公有制变为以公有制为主体、多种经济成分并存,社会主义市场经济体制逐渐确立。历史上每一次重大的制度变革,都给高校毕业生的就业工作带来了政策上和制度上的变化,从1949年建国初期到1993年,我国实行的是计划经济体制,采取国家调配、统招统分的就业政策;从1994年到2007年,实行双向选择、自主就业的就业政策;从2008年至今,开始实行大众创业、高质量就业的就业政策。不同时期就业政策的历史变迁,其实质是"如何更合理匹配好高校毕业生资源"。社会历史条件和政策制度的巨大变化,使大学毕业生在不同的历史阶段产生不同的流动状况,呈现出不同的特点。本章节将对新中国成立以来大学毕业生社会流动的三个历史阶段进行回顾与总结,解读并阐述不同历史时期高校毕业生的流动特点。

一 第一阶段(1949—1993年)的高校毕业生社会流动状况

在这一段时间内,我国实行计划经济体制,学校按计划统招,学生按计划统分,用人单位按计划接收,政府解决毕业生就业问题。这一时期的高校毕业生的社会流动不论是在区域上还是在规模上,都受到当时政治环境、经济政策、分配政策、就业政策等因素的影响,呈现出明显的计划性和指令性特点。

(一)新中国建立至1956年的高校毕业生社会流动状况

新中国建立之初,社会经济凋敝,百废待兴,为巩固新政权、突破帝国主义封锁进行了土地改革、镇压反革命、三大改造运动等,并借鉴苏联经验,实行以公有制为主体、高度集中的计划经济政治体制。同时,新中国社会各项事业的建设急需大批人才,大学生成为特别稀缺的资源,党和政府同样借鉴苏联经验,对高校的招生与就业采取高度集中计划模式,大学生毕业由国家统一分配,实行统包统分的就业政策。

这一时期的重大政治、经济事件决定了当时的阶级阶层关系,原本的阶级阶层关系和等级结构发生了变化,这也成为中国社会阶级阶层关系的重塑时期。当时的社会结构非常简单,可以简单概括为"两阶级一阶层",主要包括工人、农民和知识分子,并且知识分子最终要转化为工人阶级的一部分。这一时期的大学毕业生社会流动具有很强的计划性,毕业后流动到什么地方、流动到什么岗位,都由国家统一分配,基本上不是个人意愿所能决定。出现这种现象的主要原因是当时知识分子的匮乏。

在1949年新中国建立时,百废待兴,各行各业都需要大量的人才。虽然工人阶级、农民阶级数量比较多,为当时的各项建设提供了丰富的人力资源,但是知识分子十分缺乏,高等教育很不发达,当年的高校毕业生仅有2.1

万人,远远不能满足各条战线上对技术人才、管理人才的需求。为解决此问题,1950年6月22日,中央人民政府政务院发出的《为有计划地合理分配全国公私立高等学校今年暑期毕业生工作的通令》中规定:从毕业生人数较多的华东、中南、西南三个大区抽调部分毕业生支援重点工业建设区——东北区;另从华北抽调部分毕业生充实中央党政机关[①]。在当时人才匮乏的情况下,实行这样的高校毕业生的工作分配,用人单位根据国家政策统一调配、统一接收,能够使有限的人才得到合理配置,让大学生学有所用,为大学生施展才华、报效祖国提供了用武之地,使其全身心地投入到各项建设之中去,避免了高层次人才资源的浪费。1951年,周恩来在一次会议上指出:"人才缺乏已成为我们各项建设中的一个最困难的问题。不论在经济建设、国防建设,还是在巩固政权方面,我们都需要人才。"所以,根据当时国家建设需要,中央人民政府政务院1951年颁发了《关于1951年暑期全国高等学校毕业生统筹分配工作的指示》和《关于改革学制的决定》两项文件,按照"统筹分配"的方针和"学用一致"的原则,为全国高校毕业生分配工作;1952年发布了《关于1952年暑期全国高等学校毕业生统筹分配工作的指示》,文中明确指出:"高等学校毕业生的工作由政府分配,这是完全符合我国实际情况的发展与需要的。"[②]同年,教育部发布《关于全国高等教育学校一九五二年暑期招收新生的规定》,成立全国高等学校招生委员会,除个别学校外,一律统一参加考试,这是我国高考制度的开始。这样,我国就确定了高校统一招生和毕业生统一分配的制度。毕业生分配采取"集中使用、重点配备"的方针及其相应的政策,对保证当时国家156项重点建设项目的迅速建成和第一个五年计划的顺利完成起到积极的作用。

在这一时期,大学毕业生社会流动主要是受国家政策的影响,具有很强的计划性。大学毕业生流动的方向由国家决定,具体到什么部门工作、做什么样的工作都由国家分配;工作单位的性质是全民所有制单位;流动的地域

---

① 陈令霞. 我国大学生就业政策演变及其价值分析[D]. 沈阳:东北大学,2006.
② 周艳. 论就业政策对我国大学生就业的影响[J]. 湖北行政学院学报,2006(6):46-48.

比较广,基本上是全国性的,祖国哪里需要就去哪里工作。总体来看,这一时期的大学毕业生是向上流动的。

(二) 1956—1966 年的高校毕业生社会流动状况

1956—1966 年,中国社会进入一个新的变动时期。人民公社运动和户籍制度将农民限定在农村;"大跃进"失败,使得数千万已经流动进城的农民又回到农村,导致出现逆城市化现象;三次大的群众性政治运动——"反右""反右倾机会主义"和"四清",使许多人的阶级阶层关系、社会地位发生变化和逆转[①]。1956 年《中国农村的社会主义高潮》出版,毛泽东在其中的《在一个乡里进行合作化规划的经验》一文按语中说道:"一切可以到农村工作中去的这样的知识分子,应当高兴地到那里去,农村是一个广阔的天地,在那里是可以大有作为的。我们提倡知识分子到群众中去,到工厂去,到农村去。"这些思想和举措,在一定程度上缓解了当时的就业压力和一系列社会问题,有力地支援了边疆、农村的发展。

在计划经济时代,国家为了发展一些特殊的行业而需要一些特殊的人才,所以除教育部外,一些高校还直属于其他中央部门管理,比如,国防部、铁道部等。此外,绝大多数的高校直属于地方政府部门。高校隶属上的差异和国家重点建设的现实需要,导致不同的高校有不同的大学毕业生分配政策与之相匹配。于是,1958 年出台了新的分类安排大学生就业政策。在中共中央下发的《关于高等学校和中等技术学校下放问题的意见》中指出:"由中央教育部和其他有关部门直接领导的学校的毕业生,原则上由中央统一分配;也可以同学校所在的地方商定分成比例,分配一部分给所在的省、市或自治区。划归省、市或者自治区领导的学校的毕业生,原则上由省、市或者自治区分配。"

虽然当时社会背景出现一定的动荡,但是大学毕业生的流动数量还是呈现出增加的态势。从 1957 年到 1966 年"文化大革命"前的十年间,我国高

---

① 马雪松.新中国 60 年:社会流动与社会活力[J].江西社会科学,2009(10):12-14.

等学校毕业生达 139 万人,为前七年的 2.3 倍。1957 年至 1963 年间,科技队伍从 120 多万人增加到 230 多万人。1957 年到 1965 年间,教师队伍从 224.7 万人增加到 460.4 万人。这些毕业生后来成为我国现代化建设中知识分子队伍的主体,不少人成为相关方面的专家。

但在 60 年代初期,由于国民经济调整,毕业生也随之出现了供大于求的情况。在中共中央批转原国家计委《关于 1960 年至 1962 年高等学校理工科毕业生分配问题的报告》中规定,全国性重点高校以及从各部门、地方抽成的毕业生由国家统一分配,对学校所在地予以适当留成照顾,其余的原则上由学校主管部门或地方分配。这一办法沿用至 1965 年,抽成比例一般为四成,但各年抽成比例并不同①。国家对毕业生分配采取了"妥善安排,国家储备、锻炼提高"的方针,使多余的毕业生或到部队锻炼,或到基层劳动,避免了人才的散失,为以后国家建设发展储备了技术力量。

这一时期,大学毕业生社会流动受国民经济调整的影响较大。从流动的数量上来说,这一时期的大学毕业生数量更多;从流动方向上来说,相比上一个时期,这一时期的大学毕业生流动到工厂、农村、建设工地等,他们拿到的"派遣证"的"职务"栏上,写的都是两个字——工人,在当时,工人的地位比技术员光彩得多。

(三) 1966—1978 年的高校毕业生社会流动状况

这一时期,社会动荡不安,工厂停产、学校停课、党政机关被冲击,对全社会造成全方位的影响,正常的社会流动秩序彻底被打乱。1966 年,《人民日报》发表社论,宣布"废止现行的高等学校招生考试办法",导致高等学校的招生一度停止。直到 1970 年,国家批准了两所大学提交的《关于北京大学清华大学招生(试点)的请示报告》,核心内容是向国家申请恢复开办大专院校,通过缩短后的学制,根据专业具体情况分别为 2 到 3 年,另外再

---

① 刘锐,周建民,张小凤. 我国高校毕业生就业政策演变的价值分析[J]. 高等农业教育,2008(8):84-87.

办一年左右的进修班,面向工厂农村和基层单位招收学员,从工农兵中选拔推荐学生,称为工农兵大学生,以实现人才选拔、培训和满足生产的刚需。也就是说,高考取消以后,开始采取单位推荐保送的办法招收高校大学生,招生实行"自愿报名,群众推荐,领导批准,学校复审"的做法,学习期满由学校颁发大学普通班毕业证书;但直到1993年,国家教委、人事部联合下发教学厅字〔1993〕4号文件规定,国家才承认其学历为"大学普通班",简称"大普"。这些工农兵大学生肩负着"上大学、管大学、改造大学"的责任,毕业以后也是根据青年知识分子上山下乡的政策要求,由国家统一组织安排,执行统包统分政策,只是这一时期主要去向是农村,形成了大规模的上山下乡运动和下放运动。从1970年开始到1977年恢复高考前,一共毕业了94万人,对毕业生的分配实行"当普通工人、当普通农民,接受工人阶级和贫下中农再教育"的方针,造成了严重的人才浪费,不符合学用结合的思想。

1977年,邓小平复出后主持了高考的恢复工作,教育部在北京召开全国高等学校招生工作会议,会议通过了《关于一九七七年高等学校招生工作的意见》,全国范围恢复高考,采取自愿报名、统一考试、择优录取的办法,不再实行群众推荐入学的方式。高考制度的恢复是邓小平酝酿多年的一个拨乱反正的重大举措,扭转了十年"文化大革命"造成的教育领域混乱局面,我国高等教育也得到了相应的恢复与发展,改变了无数知识青年的命运。当年全国约有570多万名青年参加考试,各大专院校择优录取了27.3万名学生(其中包括1978年第一季度增招的新生6.2万多人)。

在这个特殊的历史时期,根据中共中央、国务院的有关规定,1973年到1979年间,这些毕业生实行"三来三去"的办法:即社来社去、厂来厂去、哪来哪去,由原选送的部委、省、市分配,国家只作少量调剂。所以,这一阶段的大学毕业生的社会流动,受国内外政治运动的影响大。和前两个时期相比,在地域上的流动性降低;大部分毕业生做了工人、农民、军人,主要流向了基层。

(四) 1978—1993 年的高校毕业生社会流动状况

在我国恢复高考制度以后,十一届三中全会的召开是对我国高等教育具有深远影响的另一重要事件。十一届三中全会围绕着真理标准问题展开讨论,从思想上进行拨乱反正,从"文革"时期的阶级斗争为纲转变为以经济建设为中心,这是我国历史上具有深远意义的伟大转折点,对社会主义教育事业建设的影响也是极其深远的。1978 年之后,我国逐步摆脱计划经济体制的束缚,开始改革开放,对我国大学生毕业分配制度也进行了改革,就业制度也随之产生了相应变革,逐步走向正轨。这一阶段的大学毕业生社会流动的总体特征是:新的社会分化—流动机制开始形成,社会流动空间逐渐扩张,自由度增加。

1981 年 2 月,国务院批转的国家计委、教育部、国家人事局《关于改进 1981 年普通高等学校毕业生分配工作的报告》和之后下发的《关于改进 1982 年全国毕业研究生和高等学校毕业生分配问题的报告》对高校毕业生的分配政策作出了调整,试行择优分配,采取学生自愿报名、学校推荐和用人单位考核相结合的方式,强调在国家统一计划下,对毕业生分配实行"抽成调剂,分级安排"的办法,在服从国家需要的前提下尽可能做到学以致用,对毕业生的分配实施"坚持面向农村、面向基层,充实生产第一线和加强边远地区"的方针。全部毕业生由国家统一编制计划,面向全民所有制单位"统包统配"。具体做法如下:教育部直属院校面向全国培养人才,毕业生由国家统一分配,对学校所在地区需要的毕业生,给予适当留成;中央其他部门主管的院校主要是为本系统、本行业培养人才,毕业生原则上在本系统、本行业内分配,根据需要可对一部分毕业生实行国家抽成分配,并对学校所在地区予以一定留成;省、市、自治区主管的院校毕业生,原则上由地方自行分配,国家根据需要对某些专业的毕业生,也适当抽调等[①]。这一规定使得大

---

① 蔡文伯,马杰. 我国高校毕业生就业制度改革 30 年的回顾与反思[J]. 现代教育管理,2009(8):111-114.

学毕业生的社会流动仍然具有很强的计划性,流动的区域也有一定限制。

随着经济社会的发展,我国开始尝试打破原有的毕业生分配制度,释放市场活力。此后,接连发布了《关于1983年全国毕业研究生和高等学校毕业生分配问题的报告》《中共中央关于教育体制改革的决定》(1985年)、《高等学校毕业生分配制度改革方案》(1986年提出、1989年施行)等多个文件,开始尝试打破原有的毕业生毕业分配制度,提出试点"供需见面",逐渐减少对毕业生就业的包揽与控制,毕业生毕业分配制度改革分步骤、分层次稳步推进,开始了"双向选择"的初步探索;但在当时的一段时间内,"统包统分"的就业匹配模式仍为主要的分配模式。

1985年以后,我国进入了第七个五年国民经济和社会发展计划建设的重要时期,计划经济体制被突破,与计划经济相伴的毕业生分配制度也随之进行了大力改革。教育部转发了《上海交通大学、清华大学一九八五年毕业生分配改革试行办法》,在北京、上海等地的清华大学、上海交通大学等少数高校中,进行了一定范围内"双向选择"的毕业生就业制度改革试点。"统包统分"的就业制度开始松动,大学毕业生在社会流动中的自主性增强。

1989年3月2日,国务院批转了原国家教委的《高等学校毕业生分配制度改革方案》(即"中期改革方案"),文件规定,高校毕业生就业制度进一步改革,逐步实行毕业生自主择业、用人单位择优录用的"双向选择"制度,即高校毕业生实行以学校为主导向社会推荐、毕业生和用人单位在一定范围内双向选择的办法。

1993年,"建立社会主义市场经济"首次被写入《中华人民共和国宪法》。1993年2月13日,中共中央、国务院颁布了《中国教育改革和发展纲要》,明确规定:除对师范学科和某些艰苦行业、边远地区的毕业生,实行在一定范围内定向就业外,大部分毕业生实行在国家方针、政策指导下,通过人才劳务市场,采取"自主择业"的就业办法。"毕业生就业体制改革的目标是在国家政策指导下多数学生在一定范围内自主择业",这标志着"双向选择、自主择业"高校毕业生就业制度改革的全面铺开,改变了过去那种"统包统分"和"包当干部"的计划体制下的就业模式。

受当时经济政策、就业政策的影响,这一时期的大学毕业生社会流动出现了与以往不同的状况。以往的流动状况都是在国家"计划"之内的流动,毕业之后流动到什么地方、做什么工作,基本不需要个人努力,一些客观因素对自身的影响较大。而此时经过一系列的改革之后,我国逐步走向市场经济,大学毕业生作为一项重要的人力资源,开始注重发挥市场在资源配置中的积极作用。所以,大学毕业生逐渐可以通过自身的努力,流动到自己想去的地方,流动的自主性更强,流动空间增大。

二 第二阶段(1993—2007年)的高校毕业生社会流动状况

这一时期,我国市场经济体制初步确立并得到不断发展,市场的发育使人们认识到市场竞争更有利于释放社会发展活力,也给高等教育的发展带来了新的机遇。高校不断改革,开始缴费上学,实行扩招政策,由精英教育转向大众教育。大学毕业生的就业分配政策也紧扣时代脉搏,不断探索创新,就业市场逐步放开,主张扩大就业、充分就业,由"国家调配、统招统分"向"双向选择、自主就业"演变,与之相对应的大学毕业生的社会流动也越来越活跃。

(一) 1993—1998年的高校毕业生社会流动状况

在邓小平南方谈话的推动下,中国改革开放的主题被正式明确地确立为建立社会主义市场经济体制。1993年党的十四届三中全会通过了《中共中央关于建立社会主义市场经济体制若干问题的决定》,确定了社会主义市场经济体制的基本框架,逐步形成以公有制为主体、多种私有制经济共同发展的格局。市场在人力资源的调配中发挥着重要作用,国家计划性、指令性的分配政策逐渐退出。

受市场经济发展的影响,国家对于高校毕业生也由统招统分逐步转向自主择业。这样,大学毕业生的社会流动中自致性因素的影响越来越大。1994年,原国家教委提出《关于进一步改革普通高等学校招生和毕业生就业制度的试点意见》,毕业生就业由"两包"到"两自"发生了根本性转变,这也是新中国成立以来高校毕业生就业制度的重大转折。1996年《国家不包分配大专以上毕业生择业暂行办法》的出台,标志着我国高校毕业生不包分配就业政策的正式施行,随后各地也纷纷据此出台地方的通知。

1997年,教育部提出《普通高等学校毕业生就业工作暂行规定》,供需见面和双向选择活动成为落实毕业生就业计划的重要方式,实行招生"并轨"改革学校的毕业生在一定范围内自主择业,毕业研究生在国家规定的服务范围内就业,再次明确高校毕业生与用人单位在一定范围内有限度的双向选择的就业制度,明确规定了就业过程中有关大学毕业生和用人单位的权利和义务。这期间,国家还出台了一系列其他关于就业制度改革的重要文件,确保了"双向选择、自主择业"就业制度改革的稳步推进。

这段时期是国家统包统分政策向双向选择就业分配政策转变的过渡时期,形成了有限选择的就业模式。就业分配制度的变化,使得以前由国家主导的大学毕业生社会流动,逐渐转变为毕业生通过自身努力、实现自身意愿的社会流动。这期间,随着市场经济的发展,出现了越来越多的三资企业,也出现了越来越多的职位,因此,大学毕业生社会流动的单位性质、职位都出现了多样化的趋势。

(二) 1998—2007年的高校毕业生社会流动状况

随着中国经济逐渐进入高速发展阶段,市场对劳动力的需求旺盛,经济发展带来了就业率的增长,创造了新的工作岗位,毕业生自主择业的空间更大,就业匹配模式更加多元。

1998年,首批"双轨"改革后的高校毕业生走向社会,绝大多数毕业生实现了自主择业,少数定向生、民族生在国家规定范围内择业[①]。1999年,国家

---

① 吴克明.中国大学生就业问题研究[M].济南:山东人民出版社,2015:37.

教育部出台了《面向21世纪教育振兴行动计划》，文件中提出在我国高等教育(包括大学本科、研究生)不断扩大招生人数的改革措施。同年,中共中央、国务院作出《关于深化教育改革全面推进素质教育的决定》,标志着我国高等教育由"稳步发展"转为"加快发展"。1999年招生人数增加51.32万人,招生总人数达159.68万,增长幅度达到史无前例的47.4%,相应的,毕业生的数量也出现跳跃式增加。2000年教育部决定全面停止包分配制度,将毕业生就业"派遣证"改为"报到证",标志着计划经济体制下"福利型"就业匹配模式的正式终结,以及市场经济体制下的"双向选择、自主择业"高校毕业生就业制度改革的确立。虽然国家经济的发展需要大批的人才,就业需求量大,但是由于毕业生总量增加,专业设置、毕业生自身素质等方面与社会需求不完全吻合,高校培养的毕业生与社会需要之间出现矛盾。所以,这一阶段大学毕业生社会流动总体增强的同时,也有一部分毕业生的社会流动受阻。

这期间,大学毕业生的单位性质、职位更加多样化,先赋性因素在大学毕业生社会流动中发挥的作用降低,自致性因素发挥的作用增加。但是,由于市场在资源配置中发挥决定性作用,这一时期的人岗匹配度降低,并且随着我国高校扩招,由精英教育向大众教育转变,毕业生人数激增,和社会对人才的需求之间出现矛盾,对于一部分高校毕业生而言,存在社会流动受阻的情况。但是人才不是绝对过剩,在中西部、在基层都需要大量的人才,还存在社会流动的空间。

就业问题关系重大,中国政府历来重视。党的十六大报告中明确提出了"就业是民生之本"的重要论断,就业与再就业工作不仅是重大的经济问题,也是重大的政治问题。此外,党和政府还非常重视大学生创业,提出创业是一个民族进步的灵魂,是国家和民族兴旺发达的不竭动力[①]。十六大之后的就业政策仍然朝着市场调配人力资源的方向发展,向双向选择的就业方式演进。

---

① 孙永建.高校毕业生非理性就业观研究[D].北京:中共中央党校,2014.

第二章 高校毕业生就业流动历史演进

　　为解决当时存在的就业问题,党和政府采取了继续挖掘地方基层岗位、到中小企业就业、鼓励大学生创业这三项措施。早在1999年5月4日,江泽民同志在庆祝北京大学建校一百周年大会上的讲话中已经对高校大学生提出了要求,对毕业生的流动方向进行了引导:"坚持学习书本知识与投身社会实践的统一,青年一代只有到改革和建设的第一线去,到基层去,到艰苦的和困难的地方去,到党和群众最需要的地方去,他的思想政治素质和业务素质才会不断地得到提高。"2002年,国务院办公厅转发了四部委联合下发的《关于进一步深化普通高等学校毕业生就业制度改革有关问题的意见》,文件中提出了市场导向的方针,引导高校毕业生到基层、到中小企业就业是解决高校毕业生就业问题的主要途径。2003年,国务院办公厅发出《关于做好2003年普通高等学校毕业生就业工作的通知》,明确了改革方向和工作重点,初步形成了新时期高校毕业生就业工作的政策框架。同年,开始启动大学生志愿服务西部计划,鼓励大学生到西部基层锻炼。2003年12月,中央召开了第一次全国人才工作会议,会议通过《中共中央、国务院关于进一步加强人才工作的决定》,提出大力实施人才强国战略是新世纪新阶段人才工作的根本任务,鼓励高校毕业生自主创业,提出税收减免、财政补贴、政策优惠、提供融资担保渠道等多项支持保障措施。2005年,中共中央办公厅、国务院办公厅印发了《关于引导和鼓励高校毕业生面向基层就业的意见》,就做好引导和鼓励高校毕业生面向基层就业工作提出了具体意见,并就鼓励和支持高校毕业生到基层自主创业和灵活就业、建立高校毕业生就业见习制度、选调生制度等方面做了具体部署,开始摸索推进选聘高校毕业生到村任职工作(也称大学生村官工作)。2008年,根据中共中央组织部、教育部、财政部、人力资源和社会保障部《关于印发〈关于选聘高校毕业生到村任职工作的意见(试行)〉的通知》,选聘高校毕业生到村任职工作开始推广到全国。

　　2006年,国家14部门联合下发《关于切实做好2006年普通高等学校毕业生就业工作的通知》,为高校对大学生就业的教育指导工作提供了强有力的政策支持。同样也是在2006年,特别推行了两项基层项目,即"特岗计划"

和"三支一扶",教育部、财政部、原人事部、中央编办下发《关于实施农村义务教育阶段学校教师特设岗位计划的通知》,联合启动实施"特岗计划",公开招聘高校毕业生到西部"两基"攻坚县以下农村义务教育阶段学校任教;中组部等八部门联合下发《关于组织开展高校毕业生到农村基层从事支教、支农、支医和扶贫工作的通知》,鼓励优秀毕业生到基层工作。此后,2011年4月,人社部下发《关于继续做好高校毕业生三支一扶计划实施工作的通知》,2016年,人社部、财政部印发《"三支一扶"人员能力提升专项计划实施方案》,对"三支一扶"人员提出更加严格的要求,高度重视"三支一扶"计划的实施、发展。这两项计划连年推行,一直持续到现在。

总体来看,高考扩招,为更多的学生提供了上大学的机会,教育要素在大学生社会流动中的作用越来越大。同时随着包分配政策的终结和市场经济的深入发展,大学生社会流动的自由度提高,流动数量增加,流动区域也更大。

三 2007年以来的高校毕业生社会流动状况

2007年以来,国际国内大环境对大学毕业生就业工作的影响非常大。2008年国际金融危机爆发、2020年新冠肺炎疫情席卷全球,自2013年以来,我国经济发展进入新常态,发展趋势由高速发展转变为中高速模式,基本告别两位数的增速,这一系列的变化,对我国的经济发展产生巨大影响,进而也影响了大学毕业生的就业。我国当前的就业工作不能仅仅停留在有工作可做的层面,而是要提高到就好业、体面就业上来。所以,随着时代发展,大众创业、万众创新、高质量充分就业成为这一时期的就业特点,也反映了时代对高校毕业生就业提出了更高的标准。大学毕业生的社会流动更加灵活自由,更加强调知识、技能、学历等自致性因素。

(一)2007—2012年的高校毕业生社会流动状况

2008年国际金融危机席卷全球,我国经济增长速度放缓,高校毕业生的就业形势愈发严峻。为了积极应对国内外形势带来的不良影响,党的十七大报告明确提出"要实施扩大就业的发展战略,促进以创业带动就业",这是创业带动就业政策的萌芽。至此,我国基本形成了国企下岗职工、城镇新增劳动力、农民工、高校毕业生"四位一体"的积极就业政策体系。

在高校毕业生就业方面,主要通过加强立法、提高服务质量、鼓励参军入伍等措施来推进。2007年8月30日,第十届全国人民代表大会常务委员会第二十九次会议通过了《中华人民共和国就业促进法》,这是促进就业工作的首次立法,内容涉及反对就业歧视专章规定、针对困难群体实行就业援助等方面,这一法律的颁布和实施促进了就业政策的法律化,标志着促就业进入法治化轨道。人社部、教育部等六部门联合发布《关于开展2009年就业服务系列活动的通知》,教育部办公厅发布《关于当前做好高校困难毕业生就业帮扶工作的通知》,全国总工会、教育部发布《关于开展"困难职工家庭高校毕业生阳光就业行动"的通知》等,提供全方位就业服务和困难帮扶。同时,为鼓励大学生参军入伍,新政频出,2009年财政部、教育部、总参谋部出台《应征入伍服义务兵役高等学校毕业生学费补偿和国家助学贷款代偿暂行办法》,2011年财政部、教育部、总参谋部出台《应征入伍服义务兵役高等学校在校生学费补偿国家助学贷款代偿及退役复学后学费资助暂行办法》,对应征入伍服义务兵役的高校毕业生在校期间缴纳的学费实行补偿,女兵面向社会普遍报名征集,以及2013年开始夏秋季征兵等政策都进行了配套改革。

至2011年,高校毕业生数量年年攀升,就业形势十分严峻,胡锦涛同志十分关心高校毕业生就业工作,就大学生志愿服务西部计划作出重要指示。他指出,大学生是国家宝贵的人才资源,实施大学生志愿服务西部计划,不但有利于开辟高校毕业生健康成长的新途径,而且还有利于推动西部地区的经济社会发展。2009年,胡锦涛同志在五四青年节即将到来之际给中国农业大学师生的回信中写道:对青年学生来说,基层一线是了解国情、增长本领的最好课堂,是磨炼意志、汲取力量的火热熔炉,是施展才华、开拓创业的广阔天地。他还在信中提出殷切希望,希望同学们自觉到基层一线去发挥才干,到艰苦的环境里去经受锻炼,到祖国和人民最需要的地方去建功立业。他还指出,对困难毕业生要及时提供就业援助,使其尽快实现就业、创业。

2011年5月30日,国务院印发《国务院关于进一步做好普通高等学校毕业生就业工作的通知》,该文件是国家针对高等学校毕业生就业而颁布的一项通知。坚持市场导向、追求效率,以市场导向的自主择业为主,但是兼顾公平,不完全放任自流,政府在某些领域不同程度上对大学毕业生的就业政策进行宏观调控,这一时期大学毕业生就业的公平就体现在政府采取的宏观调控手段之中,公平与效率并重。这期间的就业政策具有出台快、力度大、含金量高、历史少见等显著特点[①]。

这一时期高校毕业生社会流动呈现不均衡的特点。在地域上,毕业生倾向于流向经济发达的东部沿海地区,而对向中西部流动的热情不是很大。在单位性质上,与企业相比,毕业生更多倾向于国家机关、事业单位等。在工作岗位上,在国家政策的引导下,毕业生大多响应国家号召,把目光投向基层。在这一时期,市场对毕业生能力的需求成为选择的重要标准,毕业生自身人力资本积累成为社会流动的决定因素,其学习成绩优异、专业知识掌握扎实等自致性因素在社会流动中的作用非常关键。

(二) 2012年以来的高校毕业生社会流动状况

党的十八大以来,面对错综复杂的国内外形势,我国始终把就业作为最大的民生,从全局高度把就业摆在突出位置,高度重视大学生工作,热心关怀大学生就业,为此注入了大量心血,推进大学生就业,促进人才流动。我国继续坚持发挥市场在促进就业中的决定性作用,推动统一开放、竞争有序

---

① 王晓艳.浅析就业政策4.0与大学生自主创业[J].中国成人教育,2017(9):82-84.

的人力资源市场体系建设,支持、鼓励大学生创新创业,形成了供求双向选择、自主择业的新格局,新兴就业形态、就业新机会不断涌现,就业结构得到不断改善,实现了大学毕业生的有序流动、合理流动和有效配置。

2014年9月,李克强同志首次提出"大众创业、万众创新"的理念,这在全国掀起了"双创"热潮。这一理念于2015年第一次上升到国家发展新引擎的战略高度。共青团中央、教育部等部门连续发布了多项关于促进高校毕业生就业创业、推进高校创新创业教育的重要文件,积极拓宽创新创业平台和空间,为大学生创新创业保驾护航。2014年,颁布了《国务院办公厅关于做好2014年全国普通高等学校毕业生就业创业工作的通知》《人力资源社会保障部等九部门关于实施大学生创业引领计划的通知》,2015年,颁布了《国务院办公厅关于发展众创空间推进大众创新创业的指导意见》,鼓励大学生实施创新计划,支持大学生自主创业。特别需要说明的一项文件是2015年颁布的《国务院关于进一步做好新形势下就业创业工作的意见》,该文件提纲挈领,其中最大亮点是突出"以创业创新带动就业",对当时及其后一个时期内的就业创业工作起着重要的指导作用。从麦可思公布的统计数据来看,2014届到2017届毕业生的创业率均为3%左右。在2014届自主创业本科毕业生中,三年后仅有46.9%的人还在继续自主创业,50%以上的创业人群退出了创业市场。由此可见,创新创业带动就业的模式在我国还处于初步探索阶段,后面还有很长的路要走。

2017年,国务院发布了《"十三五"促进就业规划》,这是为指导全国促进就业工作而制定的。文件提出,贯彻劳动者自主就业、市场调节就业、政府促进就业和鼓励创业的方针,实施高校毕业生就业创业促进计划,开展高校毕业生基层服务项目,发挥项目示范引领作用,推动高校毕业生就业创业。麦可思的调查数据显示,我国高校毕业生的总体就业率从2009届的88.0%上升到2017届的91.9%,近十年来,毕业生的就业率总体上保持较高水平,就业政策的促进作用效果明显。

为了促进社会流动、激发社会活力,社会倾向于消除阻碍劳动力公平、合理流动的体制机制,建立通畅、合理、公平和有序的社会流动机制。党的十九大报告明确提出,要破除妨碍劳动力、人才社会性流动的体制机制,使人人都有通过辛勤劳动实现自身发展的机会。2019年底印发了《关于促进劳动力和人才社会性流动体制机制改革的意见》,旨在破除阻碍社会流动的制度,比如取消300万人以下城市的入户限制,放宽300万至500万人城市的户口限制,完善超大城市积分入户政策,尤其是消除对随迁子女的义务教育限制等,实施就业优先政策,提供更多流动机会,在顺畅水平流动的同时,也注重增加更加公平、合理的向上流动机会,防止向下流动,消除向上流动的先赋性障碍。

2020年,新冠肺炎疫情暴发,并在全球蔓延,短期内劳动力市场需求相应减少,高校毕业生就业工作深受影响。在这样的情况下,党中央、国务院高度重视和关心高校毕业生就业工作,习近平同志对此作出了一系列重要指示,要求多措并举做好高校毕业生的就业工作;李克强同志在全国"两会"上把"就业"放到了"六稳"之首的位置。政府及时印发《关于做好疫情防控期间有关就业工作的通知》,完善就业促进举措,确保"线上招聘不停歇,就业服务不打烊",优化网络就业服务;拓宽就业渠道,深挖基层岗位,继续推进"西部计划""大学生村官""三支一扶""特岗计划"以及公费师范生等基层项目,大力支持毕业生参军入伍,扩大硕士研究生招生、专转本规模。

2022年,在新冠肺炎疫情全球大流行的背景下,国务院办公厅印发《关于进一步做好高校毕业生等青年就业创业工作的通知》,稳妥有序推动取消就业报到证,简化优化求职就业手续;把脱贫家庭、低保家庭、零就业家庭高校毕业生,以及残疾高校毕业生和长期失业高校毕业生作为就业援助的重点对象,提供"一人一档""一人一策"精准服务;实施百万就业见习岗位募集计划,离校未就业高校毕业生到基层实习见习基地参加见习或者到企事业单位参加项目研究的,视同基层工作经历。

总的来说,中国经历了从传统计划经济体制到前无古人的社会主义市场经济体制的巨大转变,从以计划经济为主、市场调节为辅,转到市场在资源配置中起决定性作用、更好发挥政府作用。在当前市场经济体制下,现代化和市场绩效导向对于促进高校毕业生流动均具有重要意义:市场化会导致产业结构升级和社会分工结构快速分化,市场绩效则会使"唯才是举"的绩效原则成为劳动力市场竞争的主要标尺。大学毕业生的流动区域、单位性质、工作岗位都会受到当时历史条件的影响,尤其受制度性因素的影响较大,具有历史性的特点。随着社会的发展,大学毕业生的社会流动规模越来越大,大学毕业生的流动去向、流动的层次逐步呈现多样化趋势,流动体制机制更加健全;大学毕业生社会流动中的自致性因素作用增加,先赋性因素的阻碍性作用减小。因此,大学毕业生社会流动的开放程度、公正程度、顺畅程度、合理程度都得到有力提高,促进了高水平的高校毕业生社会流动,提升了社会流动水平。

第三章
高校毕业生社会流动现状

2019年新年伊始，习近平同志发表的新年贺词中提道："一个流动的中国，充满了繁荣发展的活力。我们都在努力奔跑，我们都是追梦人。"2019年7月26日，人民日报第8版整版探讨"社会流动对中国、对中国人民的重大意义"，认为"流动的中国充满繁荣发展的活力"。社会学最新研究表明，改革开放以来，我国代际总流动率呈现持续上升趋势，从20世纪70年代的0.38上升至当前的0.71。这表明，反映个体努力程度的自致性因素已经取代家庭出身等先赋性因素，成为影响个人社会地位的首要因素。在社会主义市场经济不断发展的进程中，社会阶层流动水平不断提升，有效激发了社会发展的深层活力。这既是对改革开放以来中国经济社会发展图景的生动描绘，又揭示了当代中国繁荣发展的重要密码。

纵观我国高校毕业生社会流动历史可以发现，高校毕业生的社会流动情况受到时代发展的制约，与当时的国际国内大环境密切相关，也与高校毕业生自身的发展状况有关，这些因素都影响到了大学毕业生的社会流动。就目前的国内外形势来看，高校毕业生的就业环境深受影响，产生了新的变化。

一 高校毕业生社会流动国际环境发生了深刻变化

在世界经济全球化和经济一体化的背景下,世界各国之间越来越相互依赖、相互依存和相互认同,极大地推进了国际经济交往、建设和发展。作为世界经济全球化和经济一体化链条上的重要一环的中国,经济社会发展深受影响,世界的经济离不开中国,中国的经济也离不开世界。所以,在分析高校毕业生社会流动大环境的时候,国际环境是一个不能忽视的重要因素。

(一) 全球经济发展乏力

从全球经济发展情况来看,世界经济正从2008年以来的全球经济危机造成的大衰退中缓慢复苏,缺乏恢复强劲增长的动力。当今世界正经历百年未有之大变局,贸易保护主义抬头、经济全球化遭遇逆流,叠加新冠肺炎疫情持续冲击,不稳定不确定因素明显增多,全球经济持续低迷。2022年上半年世界经济下行压力不断加剧,地缘冲突、制裁措施滥用、通胀高企、货币政策收紧、粮食危机、能源危机、供应链危机、健康问题、气候变化、难民问题等是导致全球经济增速放缓的主因。

2020年以来全球经济形势十分低迷,整体经济状况直接变为缓慢增长,甚至某些国家出现了负增长,虽然预计未来3~5年全球经济增速将维持在3%左右,在过去10年中处于中等略偏上水平,当前世界经济依然处于"过热"阶段,但是世界经济增速持续放缓,全球经济将面临从"过热"向"滞涨"持续转变的过程。2023年1月联合国发布《2023年世界经济形势与展望》,预测美国经济增速仅为0.4%,欧盟则为0.2%,我国预计能达到3%。总体而言,2023年各国经济发展会很困难,特别受美元波动的影响,许多经济结构并不稳固的新兴经济体,或将有一大波财富被美国收割。

全球出现高通胀率,当前的通胀压力加剧。全球主要经济体的通胀水平均在2022年上半年创造了近年来的历史新高,109个新兴经济体和发展中国家中有78个通胀率超过5%,尤其土耳其、阿根廷遭遇恶性通胀。欧美发达经济体的通胀数据"爆表",通胀率一直在高位运行。2022年6月美国CPI同比上涨9.1%,创40年来新高;欧洲经济受到俄乌冲突影响最为直接,乌克兰危机升级冲击全球能源市场,叠加欧盟能源供应"去俄化"意识强烈、制裁措施激进,造成严重的"能源危机",欧元区能源价格全面上涨,6月CPI同比也创纪录地增长8.6%;在乌克兰危机等因素作用下,全球粮食供求失衡,谷物价格屡创新高,亚洲、拉美以及中东欧、中东与非洲等地区的经济体中,粮食在CPI篮子中权重较大,占比分别高达34%、20%、30%,粮食价格上涨显著推高发展中经济体通胀;中国上海遭受严重疫情,大批外贸订单流至东南亚和越南,CPI同比上涨2.5%,燃油和鲜果的涨幅最大,分别为32.8%、19%,其他涨幅都在10%以内。各国央行被迫大幅收紧货币政策以对抗通胀。尽管如此,IMF再次上调了通胀预期,将2022年和2023年的全球平均通胀率均上调0.9个百分点。其中,2022、2023两年发达经济体的平均通胀率预计分别为6.6%和3.3%,新兴及发展中经济体的平均通胀率预计分别为9.5%和7.3%。

近些年,中国所处全球产业链和价值链地位逐步提升,相应的,就业结构和各个行业的就业规模也在不断发生变化。2022年全球许多供应链形势惨淡,能源、芯片、半导体等产品的供给严重不足,运费大规模上涨,企业的成本增加,许多行业的供应链陷入困境。美国大规模印钞票,导致全球通胀,让很多国家陷入困境。

总体而言,全球面临非常严峻的经济形势,通胀忧虑引发流动性收紧,债务危机相继"暴雷",全球的财政、气候等多重危机叠加,俄乌冲突等一系列国际突发事件的爆发,不少国家都受到波及,部分国家民众生计遭遇威胁,经济增长动力明显减弱,面临多重下行风险,因此2022年上半年经济增长和预期有着较大差距。

（二）高校毕业生的就业情况深受国际贸易影响

国际贸易不仅是商品与劳务的国际流动和交换，还是包含在商品和劳务里的生产要素的国际流动与交换，其中，劳动力为重要的生产要素之一。总体来说，我国就业依旧是通过内需来拉动，国际贸易只占一小部分，但是从目前形势来看，内需的拉动作用在降低，国际贸易的拉动作用在增强，也就是说，有越来越多的就业岗位是因为国际贸易的拉动而增长的，特别是随着我国参与全球化程度的持续深入，贸易自由化（贸易一体化）和外包（生产非一体化）也在深化发展，积极推进"一带一路"倡议和"金砖国家"建设，更是带动了相关就业结构、就业规模的变化，甚至许多岗位的出现和消失都是伴随着国际贸易的发展而不断变化的。

高校毕业生的就业情况具有国际化趋势。中国不断开拓海外市场，中国企业"走出去"，国外企业"引进来"，都极大地扩大了高校毕业生的海外就业市场。中国的海外就业始于二十世纪五六十年代，我国对亚、非发展中国家实施大规模经济援助，其中也包括大规模的人才资源的援助。但是真正意义上的海外就业是在改革开放政策实施之后，特别是2001年之后我国实施"走出去"政策，2013年提出共同建设"一带一路"倡议，2014年签订创办亚洲基础设施投资银行的协议等一系列对外举措，加强了与相关地区的投资与合作，在很大程度上刺激着高校毕业生的海外就业。2022年3月，商务部部长王文涛表示，2021年中国吸收外资再创历史新高，首次突破1万亿元人民币，达到了1.15万亿元，高技术产业引资占比首次超过了30%，新设企业4.8万家，同比增长23.5%；外资的进入，可以促进就业，缓解就业压力。高校毕业生所具有的高知识、高技能、高学历的特点，使其成为宝贵的人才资源，在国际人才市场上占据一定的优势，全球化人才资源配置的步伐明显加快，人才流动突破国界，呈现国际化流动趋势。

国际贸易通过影响国内产业结构来影响就业岗位和人才流动。贸易对就业最直接的影响机制之一，就是通过进出口贸易分别对总供给与总需求产生影响，进而影响相关产业的结构和布局。相关产业的要素投入和最终分配同样也都会受到国际分工和贸易的影响,劳动力市场也不例外,高校毕业生的就业规模、就业结构、就业区域也会因此受到影响。改革开放之后一直到21世纪初,主要是产业分工阶段,我国主要出口初级产品,例如,加工生产低附加值的劳动密集型产品,有效缓解了中国低技能人员的就业压力,劳动群体主要分布在东南沿海。而现在,我国的分工体系逐渐完善,价值链成为连接纽带,高新技术产品等高附加值的产品日渐受到重视,也展示出我国在相应产业领域的竞争优势,一改过去的"加工厂"形象,注重向全球价值链中高品位延伸,我国现已经成为世界投资中心,在国际分工中的地位也不断提升。近几年来,越来越多的在中国的加工制造企业迁往海外,比如迁往人力资源更加廉价的东南亚地区。企业外迁,各大公司不断裁员,将资本转移到海外市场,一方面导致国内工作岗位减少,失业人口增加,与此同时,一些人跟随公司来到海外市场,也因此获得了国际市场就业机会。我国在国际分工中出现的这一系列变化,也直接影响着高校毕业生的就业方向和人才资源的优化配置。

(三)国际关系影响高校毕业生就业

高校毕业生的就业地区不仅限于国内,也开始走出国门。国际关系对高校毕业生的就业而言,其影响具有广泛性、复杂性和国际性。国际关系是国际行为主体之间关系的总称,是指国家之间、国际组织之间、国家与国际组织之间的关系,包括政治、经济、文化、军事等方面的关系。在众多的关系里面,经济关系是最基本的关系,政治关系是最重要最活跃的关系,国际主体之间的各种往来情况影响了人才流动和就业动态。大国关系历来是国际关系体系的核心要素,是国际局势发展变化的风向标和领航器,中美关系是当今世界大国关系的重中之重,中俄关系对世界格局重组的作用举足轻重,中国与欧盟的关系也是当今世界最重要的双边关系之一,等等。当今世界正处于力量对比深刻改变、战略格局全面调整、权力重心加速转移的历史大过渡时期,国际关系与世界秩序面临着大发展、大变化、大调整的百年未有之大变局。中国顺应世界多极化、经济全球化、文化多样化、社会信息化潮流,与世界各国广泛开展合作,其中推行的"一带一路"倡议,促进各要素有序自由流动、资源高效配置和市场深度融合,为世界贡献中国智慧、中国力量。

在中国所有的国际关系中,中美关系是重中之重。中国和美国都是世界大国,作为世界排名前二的两大经济体、联合国安理会常任理事国,在各个方面的联系都是非常多的,对世界的影响也是非常大的,中美关系无疑是当今世界最重要的双边关系之一。习近平同志将中美关系界定为不冲突不对抗、相互尊重、合作共赢的新型大国关系。但是近年来由于中美贸易战、科技战等方面的原因,中美关系非常紧绷,呈现出敏感性、复杂性和重要性相互交织的特点。过去中美之间密切挂钩是建立在比较优势和资本逐利的逻辑之上的,但是从特朗普时期开始,美国就将中国视为最大的威胁,拜登上台以后仍然视中国为主要竞争对手,两国关系继续在错误轨道上运行,由挂钩正走向各个领域不同程度的脱钩,其中,硬科技、高科技和直接投资是被迫脱钩,金融可能是主动脱钩,教育人文是有限脱钩,中低端贸易基本不会脱钩;短期呈现软脱钩、慢脱钩,中长期则有硬脱钩、快脱钩的可能。当前美国形成了全领域的反华联盟,政治安全领域打造以集体安全价值观为基础的反华联盟,经贸科技领域打造以自由市场价值观为基础的反华联盟,中美关系在经济科技领域从"合作为主、竞争为辅"转向"竞争为主、合作为辅",这是中国外部国际经济环境演变的逻辑主线;在意识形态领域打造以所谓民主人权价值观为基础的意识形态联盟。总之,中美关系恶化,也导致中国同其他西方国家的关系也变得非常复杂,美国对中国态度与行动呈现由单边限制转向战略结盟的倾向,逆全球化背景下的"去中国化"趋势明显。

目前,中西方尤其是中美之间开始进入全方位竞争阶段,一方面通过经济贸易科技等途径,影响人才的流向和流量;另一方面国际上的人才争夺也更为敏感,各国纷纷出台人才引进措施,精准引进,柔性服务,重塑人才市场。我国的高校毕业生社会流动状况也受到国际关系、国际人才市场变化的影响。

二 "新时代"高校毕业生社会流动呈现新变化

"人有恒业,方能有恒心",就业乃民生之本,事关人民群众切身利益,事关国家发展大局和社会和谐稳定。近年来,国内经济的不断增长为高校毕业生的就业提供了源源不断的动力来源,但是随着我国经济进入新常态,叠加高校不断扩招、新冠肺炎疫情等影响,共同构成了就业难和招工难的就业现状,社会流动不畅,人才资源配置受到影响。

(一) 经济环境:经济发展新常态

"新常态"一词于2014年正式提出,"经济发展新常态"这一论断是在对国际国内经济运行客观规律认识的基础上而作出的。我国GDP增速从2012年起开始回落,2012年、2013年、2014年增速分别为7.9%、7.8%、7.4%,告别过去30多年来平均10%左右的高速增长,经济发展已从高速发展阶段转向高质量发展阶段,这是我国经济增长阶段的根本性转变。在经济换挡过程中,增速不再是衡量经济的唯一指标,但也不是单纯地降低速度,而是要通过降速来实现"优质增长",实现经济转型、结构调整,做到换挡不失速、量增质更优。在过去十年里,我国经济发展方式从规模速度型转向质量效率型;经济结构不断优化升级,经济结构调整从以增量扩能为主转向调整存量、做优增量并举;经济发展动力也从要素驱动、投资驱动转向创新驱动。

2022年,我国逐渐进入一个与"新常态"相似的阶段。中国经济受新冠肺炎疫情、乌克兰危机、中美关系紧张等影响,经济发展环境的复杂性、严峻性、不确定性上升,稳增长、稳就业、稳物价面临的风险、挑战也不断增多。从经济增速上来看,中国经济增速将逐步进入较疫情前增速略低的新阶段。在这个过程中,经济增长的质量上升,数量因素弱化,同时,经济结构也会再次发生变化,与上一次"新常态"的结构性变化更多体现在大的行业层面上,例如投资转向消费不同,未来的结构变化可能将发生在更细的层面,很多行业的底层逻辑将会被重塑。在2022年中央经济工作会议上,首次提出"我国经济发展面临需求收缩、供给冲击、预期转弱三重压力",积极构建以国内大循环为主体、国内国际双循环相互促进的"双循环"新发展格局,释放经济增长的内需潜力,更多地依靠国内市场实现经济发展。这是在过去十多年持续探索的基础上,对以往各种政策构想和战略思维所进行的综合提升,是对我国客观经济规律和发展趋势的自觉把握,是适应我国发展新阶段要求、塑造国际合作和竞争新优势的必然选择。

发展是永恒的主体,也是解决当前中国一切问题的关键所在。面对世界百年未有之大变局,在深刻分析国内外发展大势、深刻总结国内外发展经验教训的基础上,习近平同志以卓越政治智慧和非凡理论勇气提出了创新、协调、绿色、开放、共享的新发展理念。新发展理念是一个系统的理论体系,创新解决发展动力的问题,协调解决的是发展不平衡的问题,绿色解决的是人与自然和谐的问题,开放解决的是发展内外联动的问题,共享解决的是社会公平正义问题。新发展理念阐述了发展为了谁、依靠谁、怎么发展、发展成果由谁享有,回答了关于发展的目的、动力、方式、路径等一系列理论和实践问题,阐明了我们党关于发展的政治立场、价值导向、发展模式、发展道路等重大政治问题。进入新发展阶段,新时代的就业工作以新发展理念为指引,坚持系统观念,以创新促进创业带动就业,协调国内外两个大循环,释放新动能带动就业效应,发展成果更多更公平地惠及人民,主张将促进更充分、更高质量就业作为化解就业总量压力、优化结构性矛盾导致的就业不充分、质量不均衡的必然要求。

(二)就业环境:就业出现新常态

新常态不仅仅只存在于经济领域,也存在于就业领域,传统的就业形态逐渐发展成为就业新常态。就业新常态的"新"来源于经济新常态,受制于经济新常态。在"新常态"和"供给侧改革"的背景下,提出了"中国制造2025"战略,这是在新一轮产业革命浪潮中做出的积极举措。我国先进制造业发展迅速,以新能源汽车、半导体、生物医药等为代表的先进制造业迅速崛起,同时传统农业、服务业、高耗能产业等转型升级加速,释放出旺盛的就业需求,创造出一大批高质量就业岗位,助推稳就业提质扩容双向发力。受疫情影响,企业发展更加艰难。以前风光无限的企业发展都不如前了:抖音业绩一般,饿了么也一直在亏损,阿里与上一季度相比业绩下滑了87%;很多企业都在裁员,就连京东、腾讯这些大公司基本上都裁了15%～30%,已经入职的人都战战兢兢,求职的高校毕业生面临的挑战和困难会更多。就业市场呈现出的新常态特点,导致高校毕业生就业也发生了新变化,主要体现在技术性(结构性)失业新常态、鼓励创新创业新常态、灵活就业新常态等方面。

1. 技术性(结构性)失业将成为常态

就业结构性失衡是劳动力市场的一个常态化现象,只要有市场机制存在,只要市场机制在资源配置中发挥作用,就会存在就业结构性失衡问题。由于经济结构的调整,我国就业结构的变化呈现多重特征。从产业维度看,第三产业是吸纳就业的"蓄水池",制造业是稳就业的压舱石;从技能维度看,对高技能复合型劳动者的需求不断上升;从形态维度看,平台型就业已经成为就业新重点。根据麦可思研究院最新发布的就业情况,将本科和高职院校各专业分为红卡专业和绿卡专业,其中红卡专业是指失业率较高,就业率、薪资、工作满意度低的专业,高职院校红卡专业包括法律事务、汉语、食品营养与检测、基础教育、语言教育,本科红卡专业包括绘画、化学、美术、音乐表演、法律、历史;绿卡专业则是立足于知识密集、技术密集的高端产业,如半导体行业、新能源汽车、生物医药等行业,呈现出旺盛的就业吸引力,符合当前经济新常态对毕业生就业质量的要求。红卡专业的学生毕业后面临的失业现状比较严峻,但不能简单地认为市场需要的不是这个专业,市场真正需要的是有高人力资本投入的高素质人才。因此,经济新常态对毕业生的供需结构提出了严格要求。

2. 鼓励创新创业将成为就业常态

经济发展新常态下,经济发展主要依靠创新驱动,但要素驱动、投资驱动依然是经济发展的动力,不会退出经济发展的舞台。新兴行业为劳动者提供了新的就业岗位,职业变迁带来了就业方向的转变、就业形式的多样和就业观念的进步。一方面,技术创新带来了新的人才需求。就业需求的扩张,归根到底来源于经济的新增长点。半导体、新能源、生物医药等行业是新一轮技术革命的前沿领域,技术创新带来更高的生产效率和竞争能力,市场需求扩大必然带动就业需求扩张。除了新兴产业的出现,传统产业也衍生出新空间,传统农业、服务业、高耗能产业等加速转型升级,也衍生出大量新职业、新岗位,拓展了就业新空间。比如,农业产业化、规模化发展,催生出电气工程师、无人机驾驶员、程序工程师、农业数字化技术员、农业经理人等新职业。另一方面,技术创新也对高校毕业生提出了新的更高的要求。毕业生不但要具备较高的学历,掌握通用性知识和专业技能,更要求具备较强的学习能力,尤其是认知型分析能力,能够适应快速变化的技术、市场工作任务,能够胜任跨领域、跨专业的复合型工作岗位,复合型人才和技能型人才成为当下的稀缺资源。创新是高等教育的本质属性,面对经济新常态下出现的这一系列新变化,要及时调整高校的人才培养、大学生求职导向,为适应新形势、新变化打好基础。

大学生创业不是一帆风顺的,而是面临着生存挑战。创新登上经济发展的舞台,对创业来讲是绝好的机遇。青年大学生是创新创业的生力军,他们拥有着更高的文化水平,更容易接触到新鲜事物,富有开拓精神,他们创业或是为了自我价值的实现,或是追求更高的收入。近年来,党中央、国务院高度重视大学生就业创业工作。习近平同志多次作出指示:培养学生创新精神,造就规模宏大、富有创新精神、敢于承担风险的创新创业人才队伍。李克强同志也曾明确提出:大学生是实施创新驱动发展战略和推动大众创业、万众创新的生力军。就在2022年的《政府工作报告》中,李克强同志又多次提到"创业",创业带动就业将是解决今年大学生就业问题的重要渠道之一。大学生比以往有更多的市场机会,创业率逐年上升,据《大学生就业报告》统计,2009年大学生创业率仅0.9%,2014年创业率上升到2.9%,2015年创业率就达到6.3%。国家发改委在2020年全国大众创业万众创新活动周上公布的双创数据显示,大学生创业群体持续壮大,2019年创业的大学生达到74万人。到2020年,据央视新闻报道,大学生创业者人数再创新高,达到82万人。但是,高校毕业生创业也面临着一个突出的问题,那就是创业的成功率确实不容乐观,自主创业群体的生存挑战持续增加。2022年《大学生就业报告》指出,2018届创业的本科毕业生中,三年内超过半数退出创业,只有41.5%的人仍在坚守,相比2017届同期43.4%的坚守率进一步下降;创业的高职毕业生中,三年内有六成以上退出创业,39.5%的坚守率相比2017届同期41.0%的坚守率也是同步下降。

一般而言,创新创业能够带来更高的收入、获得更高的声誉,能带来社会经济地位的提升,有利于大学生更好地实现社会流动,甚至是实现向上流动。随着我国对大学生创新创业的鼓励和支持力度越来越大,高校毕业生的创业积极性和创业热情被点燃,全民兴起一股创业潮,在这样的社会氛围下,创新创业带来的社会流动会更高、更强、更快。

3. 自由职业成为就业岗位新常态

传统行业在新时代面临产能过剩、前景不佳等问题,给就业及社会带来了新挑战。而随着科技时代和第四次工业革命的到来,共享经济迅速发展,新兴行业纷纷崛起,自由职业作为一种新变化,越来越多地出现在大众视野中。自由职业与经济社会的新技术、新产业、新业态、新模式发展衔接匹配,这类职业采取的方式是:摆脱公司的限制,自己管理自己,以个体劳动为主,自负盈亏,自己缴纳社保等。以网络平台为重要支撑的新型就业市场迅速扩张,网约车、网络作家、短视频博主等打破传统行业有限的格局,为就业提供了新的平台和方向。北京师范大学劳动力市场研究中心发布的《2020中国劳动力市场发展报告》显示,中国参与共享经济的人数从2016年的6亿人增加到2020年的8.3亿人,平台企业员工数从2016年的585万人增长至

2020年的631万人,增加了7.86%。

近年来,高校毕业生的就业去向中,自由职业的比例呈现增加趋势,自由职业在高校毕业生就业统计中被列为灵活就业。最近几年大学生就业呈现多元化趋势,有部分高校的毕业生采取自主就业或者其他方式就业,也就是说采取灵活就业方式就业。灵活就业作为新的就业方式,已经成为当前新增就业的重要补充和稳就业的新引擎,国家持鼓励的态度。国务院印发的《"十四五"数字经济发展规划》明确提出,鼓励个人利用社交软件、知识分享、音视频网站等新型平台就业创业,促进灵活就业、副业创新。全国高等学校学生信息咨询与就业指导中心统计数据显示,2020届全国高校毕业生的灵活就业率为16.9%,2021届高校毕业生灵活就业率为16.25%,连续两年维持在16%以上的水平。

麦可思研究院发布的《2022年中国大学生就业报告》显示,本科毕业生中有4.2%的人选择灵活就业,其中,1.3%选择受雇半职工作,1.7%选择自由职业,1.2%选择自主创业;高职毕业生中有7.7%的人选择灵活就业,其中,1.8%选择受雇半职工作,2.8%选择自由职业,3.1%选择自主创业。值得注意的是,2021届选择灵活就业的毕业生中,有近三成(本科30%,高职28%)属于依托互联网平台的新就业形态,主要包括主播、全媒体运营等。整体而言,高校毕业生群体是灵活就业相对集中的群体。灵活就业不仅能够紧随时代变化,产生大量新形态的就业岗位,带来可观的收入,拓宽就业渠道,解决高校毕业生的就业问题,还有部分高校毕业生通过灵活就业"试水",有了一定经验积累之后,转而成立工作室或注册公司,开始自主创业,这些都为新时代的创新创业培育了新动能。

(三)高校毕业生社会流动的社会环境产生了新变化

1. 交通环境,为高校毕业生社会流动提供了重要基建支撑

我国幅员辽阔,地理差异巨大,情况复杂,如何在如此巨大的国土面积上克服困难实现高校人才资源的有效配置,一直是国家发展面临的重大课

题,高水平交通基础设施建设成为破解这一难题的关键所在。我国各地因地制宜,积极探索,形成了铁路、公路、航空等多位一体的交通体系,交通运输网络日趋完善,将全国各地连接起来。

新中国成立之初,交通极为落后,全国铁路总里程仅2.2万公里,公路里程仅8.1万公里,没有一条高速公路,民航航线只有12条。经过多年来的发展,我国交通运输网络发展日新月异,基建成效显著,其中,高速公路、高速铁路已成为我们闪耀世界的亮丽名片。在普通干线交通网结构不断完善的基础上,我国高效率交通基础设施覆盖范围持续扩大,截至2021年末,全国高铁营运里程达到4万公里,高速公路里程16.9万公里,全国港口万吨级及以上泊位2 659个,定期航班通航机场、通航城市(或地区)分别提高至248个和244个,西部地区、农村地区路网规模不断提升、结构持续优化[①]。

便捷快速的交通出行,有利于打破地域限制,使得空间流动的时间成本和经济成本都大为降低,让高校毕业生能够在更广阔的空间范围内活动,获得更多工作机会、发展机会,为高校毕业生社会流动提供了基建支撑。

2. 制度创新,为高校毕业生社会流动保驾护航

改革开放以来,我们党针对不同时期人口流动特点适时进行制度创新,促进人力资源在产业、行业和地区之间充分流动,不断释放人口红利,整合高校毕业生资源优势,为经济社会发展提供了巨大动力,高校毕业生社会流动已经成为社会的常态。

政府注重在宏观发展战略层次发挥作用,不断创新。国家十分重视区域发展,对区域发展的宏观调控成为我国最重要的宏观调控之一,区域政策也成为最重要的国家发展政策之一。改革开放以来,我国形成了五大发展战略,即区域梯度发展战略、统筹区域协调发展战略、主体功能区战略、区域发展重大战略、新型城镇化战略,这五大发展战略对我国高校毕业生就业岗

---

① 殷缶,梅深.交通运输部发布《2021年交通运输行业发展统计公报》[J].水道港口,2022,43(3):346.

位、就业行业、就业流向等方面都产生了重大影响。区域梯度发展战略——东中西地区之间存在着明显差距,发展必然有先有后;统筹区域协调发展战略——大力实施西部开发、东北振兴、中部崛起、东部率先等区域协调发展战略;主体功能区战略——构建国土空间,发挥比较优势,逐步形成城市化地区、农产品主产区、生态功能区三大开发保护新格局;区域发展重大战略——"四大板块(西部开发、东北振兴、中部崛起、东部率先)+三大城市群(京津冀协同发展、长三角一体化、粤港澳大湾区建设)+两大经济带(长江经济带发展、黄河流域生态保护和高质量发展)+'一带一路'倡议"战略决策;新型城镇化战略,深入推进户籍制度改革,以城市群为主体构建大中小城市和小城镇协调发展的城镇格局,发挥中心城市和城市群的综合带动作用,打造新的高水平高质量经济增长极。

面对新时代的挑战和发展契机,中国各个区域都将人才战略放在首位,通过招才引智推动当地经济社会发展。由于我国各大区域的发展水平不同,产业布局不同,对人才的需求力、吸引力也不一样,所以这就为高校毕业生的就业流动提供了现实基础。人口流动情况作为人才流动的宏观镜像,集中反映了人才跨域流动的规律特点,并且跨域多中心流动已经成为人口流动的新趋势。根据《中国城市95后人才吸引力排名:2021》报告显示,我国最具95后人才吸引力城市50强中,北京、深圳、上海稳居前三,广州、杭州、南京、成都、苏州、武汉、郑州位居前十,由此可见,当前我国青年人才流动呈现出两大态势:一是青年人才加速向重点都市圈与城市群聚集汇拢;二是青年人才逐渐向一线城市与二线城市集聚扎根。青年人才流动总体呈现"跨域多核加速集聚、青年群体化身主角、行业跨界拓土纳新"的三大格局特征,在聚合中实现人才流动方向的"边际扩展"。

在各个地区、各个城市的人才新政中,高校毕业生群体成为城市吸纳青年人才的重要着力点。高校毕业生作为拥有较高知识、技能以及社会资源的重要群体,其就业岗位带来的流动不只是人口在地理空间上的迁移,而且伴随着多方面资源要素的流动,不仅体现着不同地区和城市之间的人才流动,更体现了知识流、资金流、信息流等多种资源的流动与竞争。因此,为了抢夺这一宝贵的人力资源,各地、各城市纷纷出台了人才吸引措施。比如,2017年,武汉市启动了"百万大学生留汉创业就业工程",该项工程通过放宽人才落户条件、提供有力的就业创业支持、规范住房生活补贴等多样化的人才优惠福利政策,吸引大学毕业生落户。2022年,太原出台30条促进高校毕业生就业创业举措;上海也放宽了人才引进落户政策,有18类人才可以直接落户。相应的人才引进政策成为各大城市人才政策新"潮流"。

各地相继实施"凤还巢"工程,通过实施此项工程,培育创新创业生态。2021年,唐山市发布《关于深入实施新时代"凤凰英才"计划加快建设高质量人才强市的意见》,充分激发唐山籍人才回归唐山,提供就业创业扶持政策,完善服务机制,提升服务质量,通过专场招聘会、各类人才座谈会、名校英才直通车等方式,以引进高校毕业生为主体,推动大学生回乡就业,切实实施"凤还巢"人才回归工程,为地方经济社会发展提供人才智力支持。2022年,昆山市召开高校毕业生专场招聘会,并开通"凤还巢"掌上就业创业服务专区,拓岗位、抓匹配、优服务、强政策,线上线下全力以赴稳就业,支持昆山高校毕业生更充分更高质量就业创业,更好服务地方经济高质量发展。不但各个地方政府实施"凤还巢"工程,地方企业也以实际行动与地方人才政策呼应,比如,农业银行App中的苏州城市专区中下设"'凤还巢'昆山就业服务",与地方人才政策一起为有需要的毕业生提供就业服务。

第四章
高校毕业生社会流动现状分析及其困境

自从新冠肺炎疫情暴发以来,我国高校毕业生社会流动也深受影响,流动的速度、广度都受到一定程度的抑制。一方面,我国研究生扩招、专转本扩招,政策性岗位数量增加,党和政府积极出台推进就业的政策措施,扩大流动渠道,多措并举缓解毕业生就业总量压力。另一方面,高校毕业生在社会流动中依然存在着一系列问题,流动机会、流动区域、流动岗位等方面不能满足毕业生社会流动的需要,存在着供需矛盾和流动市场的不协调。

第四章　高校毕业生社会流动现状分析及其困境

一 高校毕业生社会流动渠道现状分析

高校毕业生就业渠道是社会流动渠道的重要体现,社会流动渠道是否畅通与就业渠道的畅通与否密切相关,通过分析高校毕业生的就业渠道可以很直观地了解其社会流动的渠道。

高校毕业生就业问题广受社会关注,面对一年又一年的"史上最难就业季",拓宽就业空间是关键。就业渠道的拓宽与挖潜,增加了各个种类的就业岗位和机会,促进了高校毕业生的有序流动。

(一) 拓宽升学成才渠道

对于本科毕业生和专科毕业生而言,研究生扩招、专科起点本科扩招增加了他们升学和就业的机会。根据教育部 2019 年到 2021 年间发布的《全国教育事业发展统计公报》数据显示,2021 年硕士研究生招生人数达到 105.07 万人,2020 年为 99.05 万人,2019 年为 81.13 万人,硕士研究生的招生数量逐年增加;同样,对于专科生而言,升学数量也是呈现逐年增加的态势,2021 年专科起点本科招生达到 71.77 万人,2020 年为 61.79 万人,而 2019 年仅仅为 31.75 万人,2021 年比 2019 年的总量增加了一倍多。

(二) 发挥政策性岗位吸纳作用

政策性岗位主要是从基层计划方面来拓宽的。教育部、人社部等多个部门聚合资源、深挖潜力、协同推进,多渠道、多形式、多领域发布了一批适合高校毕业生就业的基层岗位,常见的基层就业专项包括"三支一扶""西部计划""特岗计划""免费师范生"等,都属于高校毕业生基层培养计划实施方案,引导高校毕业生到基层、到现代农业、到社会公共服务等领域就业创业。

1. 大力做好"三支一扶"计划

"三支一扶"是支教、支医、支农、扶贫的简称,从2006年开始实施,在促进高校毕业生就业、推动基层经济社会发展方面发挥了积极作用。在2016年到2020年实施的第三轮计划中规定,每年选拔招募2.5万名、五年共计12.5万名高校毕业生到基层工作,促进人才资源向艰苦边远地区和基层一线流动。受疫情等国内外形势的综合影响,2022年"三支一扶"计划招募高校毕业生增加到3.4万名,比2021年增加2 000名,通过政策导向进一步加强人才资源到基层工作的流动力度。

2. 做好大学生村官选聘工作

大学生村官选聘工作是十七大以来党中央作出的一项重大战略决策。大学生村官选聘工作从2008年开始实施,主要面对应往届本科及以上学历毕业生。江苏同时设立了"985村官"计划,属于国家开展的选派项目,岗位性质为"村级组织特设岗位",为非公务员身份,为中国特色社会主义新农村建设培养骨干人才,为党政干部队伍培养后备人才。我国通过该项计划深入实施高校毕业生创新创业计划、基层成长计划,拓宽就业渠道,引导人才流向,稳定就业局势。

3. 实施农村义务教育阶段学校教师特设岗位计划

农村教育的发展受到教师数量不足、质量偏低的影响,城乡差距明显,为了改善农村教育,我国自2006年开始实施农村义务教育阶段学校教师特设岗位计划(简称"特岗计划")。自从2020年新冠肺炎疫情暴发以来,我国在"特岗计划"中招聘的教师数量比较大,2022年全国计划招聘"特岗计划"教师6.7万名,2021年为8.43万名,2020年则为10.5万名,通过"特岗计划"补足教师需求,优化教师队伍,并保持合理的教师性别比例。

4. 实施大学生志愿服务西部计划项目

大学生志愿服务西部计划(简称"西部计划")始于2003年,到2022

年累计选派46.5万人,它是经国务院常务会议决定,由团中央、教育部、财政部、人社部联合实施的一项重大人才工程,是国家重大人才工程"高校毕业生基层培养计划"的子项目,是引导和鼓励高校毕业生到基层工作的5个专项之一。"西部计划"面向普通高等学校应届毕业生或在读研究生招募,到西部基层开展为期1～3年的志愿服务工作,鼓励志愿者服务期满后扎根当地就业创业。2021年国家项目招募2万人,地方项目招募2.1万人,而2022年的"西部计划"招募超5万人,为该项目实施20年来人数最多的一年。

此外,国家基层项目还包括免费师范生培养计划,鼓励高中毕业生报考师范类专业,为基层培养大批优秀教师;免费医学生培养计划,即在高等医学院校开展农村订单定向医学生免费培养计划,面向乡镇卫生院及以下的基层医疗卫生机构,主要培养从事全科医疗的卫生人才。各个地方还出台地方基层项目,以江苏省为例,2005年开始实施江苏大学生志愿服务苏北计划(简称"苏北计划"),2022年将这一项目扩容升级为"大学生志愿服务乡村振兴计划"。该项目自实施以来已累计派遣11 612名志愿者赴苏北5市开展了为期1～2年的志愿服务工作,有近60%的志愿者选择在服务期满后继续扎根基层,服务基层。

(三)多渠道深挖就业岗位稳就业

各地各部门优化调整"线下招聘疫情防控支持政策",结合属地高校专业特色,对接当地主导产业企业,积极引导中小企业稳岗扩岗,扩容小微企业就业容纳能力,鼓励高校毕业生服务国家战略重点领域和地区,以多种形式、各种渠道促进高校毕业生就业。

1. 鼓励高校毕业生到中小企业就业

量大面广的中小企业是稳经济的重要基础,也是稳就业的重要力量,鼓励高校毕业生到小微企业就业是进一步拓展就业渠道、促进经济社会发展的有效路径。纵观全国就业形势,稳住中小企业就稳住了就业,一方面从数量规模看,截至2021年底,全国企业数量达到4 842万户,这其中99％以上都是中小企业;另一方面从就业岗位吸纳能力看,中小企业提供了80％以上的城镇就业岗位。调查显示,2022年5月份,47.4％的中小企业有招工需求,但是招工满足度指数只有66.7％,且连续3个月上升,较上年同期升高5.6％。一些中小企业特别是聚焦新产业新模式新业态的"专精特新"中小企业,还存在较为明显的人才缺口,地方政府部门和高校要加强校企精准对接,形成校企合作的强大合力,为毕业生挖掘更多岗位资源。

2. 深挖国家发展战略蕴含的就业新空间

高校承担着为国育才、为党育人的重要使命,要积极鼓励高校毕业生积极服务国家发展战略重点领域、重点地区、重大工程、重大项目。比如,"一带一路"建设、京津冀协同发展、长江经济带发展等国家重大决策提供了大量的岗位需求;区域协调发展战略,引导毕业生到中西部地区、东北地区和艰苦边远地区就业,也蕴藏着巨大机遇;目前实施的"中国制造2025""互联网+"行动计划等先进制造业、现代服务业和现代农业等领域蕴藏着大量优质的就业创业机会,社区服务类企业吸纳高校毕业生就业能力增加;深挖互联网、大数据、人工智能与实体经济深度融合而创造的就业机会,在共享经济、数字经济、现代供应链、人力资本服务等领域拓展就业新空间,引导高校毕业生主动适应新就业形态,鼓励、支持毕业生实现多元化就业。

3. 疏通重点人群就业渠道

重点人群主要是指建档立卡家庭、低保家庭、零就业家庭、心理问题、身体残疾等就业困难群体。针对重点人群实行"一人一策"的差异化分类帮扶举措,分类实施岗位推送、创业指导、技能培训等援助措施,集中为就业困难人员送岗位、送服务、送政策等,提供就业援助,织密织牢重点群体就业保障网。

4. 深挖机关事业单位和国企岗位潜力

为了保障高校毕业生都能有序地实现就业,国家重点落实"6稳"和"6保",机关事业单位和国企也积极拓展岗位数量,为高校毕业生提供更多的就业机会。根据数据统计显示,2022年国家公务员招录人数达到3.12万人,共计1.67万岗,较2021年增加5 516人,扩招比率达21.4%(详见图4-1)。2023年国家公务员和地方公务员的招录人数预计会超过19万人,这其中乡镇公务员的招录占比较高,招录人数也逐年增加。比如,湖北省乡镇系统招录1 088人,占湖北全省总招录人数的20%;河南省乡镇系统招录2 163人,占河南全省总招录人数的26.99%,与2022年相比扩招了2倍,基层公务员的竞争压力显然也会随之增加。

图4-1 2017—2022年国家公务员招录趋势

数据来源:https://www.163.com/dy/article/HI1UHO3D0519AQHQ.html

2022年6月发布的《2021年度人力资源和社会保障事业发展统计公报》数据显示:2021年全国公开招聘事业单位工作人员94.1万人,其中中央事业单位6.4万人,地方事业单位87.7万人,较2020年扩招14.2%。2022年5月《国务院办公厅关于进一步做好高校毕业生等青年就业创业工作的通知》显示:今明两年要继续稳定机关事业单位招录(聘)高校毕业生的规模。

由此可见，2022年和2023年的事业单位招录规模不会减少。

表4-1 近年全国事业单位招聘人数统计　　　　　单位：万人

年份	总招人数	中央	地方
2016	79.86	6.65	73.21
2017	93	9.7	83.3
2018	106.6	10.3	96.3
2019	82.2	6.8	75.4
2020	82.4	6.4	76
2021	94.1	6.4	87.7

数据来源：2016—2021年度人力资源和社会保障事业发展统计公报

为积极响应习近平同志关于做好高校毕业生就业工作的重要指示精神，缓解大学生的就业压力，国企央企也展开了扩招，2022年扩招规模较大，比如，国家电网宣布2022年将提供超4万个就业岗位，受益最大的将是应届毕业生。2022年6月底国企央企各个单位开始面向2022届毕业生开启扩招补录，甚至开拓"夏招"模式；同时积极创新招聘形式，运用抖音和哔哩哔哩等相关平台，播出"对话新国企·稳岗扩就业"国资央企直播带岗行动。国企因其自身独特的地位和优势，深受高校毕业生欢迎，是高校毕业生就业的一条重要渠道。

二 高校毕业生的流向分布状况分析

（一）毕业去向

高校毕业生毕业去向主要有就业、创业、升学、当兵入伍等。高校毕业生的就业去向构成了其社会流动的流向分布。接下来主要分析单位就业、升学这两大就业主渠道。

1. 单位就业

单位就业是高校毕业生的主要流向,占比较高。就业,是指在法定年龄内、有劳动能力和劳动愿望的人们所从事的为获取报酬或经营收入进行的活动。本书中提到的单位就业,采用的是这个层面的含义,简而言之就是高校毕业生到政府、事业单位、企业单位等地方就职,其中企业单位又分为国有、民营、私营、外资、合资等性质的企业。智联招聘平台在2022年3月中旬到4月中旬进行了就业调研,发布了《2022大学生就业力调研报告》,调研报告显示,2022届高校毕业生仅有50.4%的人选择单位就业,比2021年下降6%,自由职业(18.6%)、慢就业(15.9%)的比例较去年提高约3%。这是继2021年之后,连续第二年出现单位就业比例下降、自由职业和慢就业比例上升的现象。

智联招聘2022年4月份发布的数据同样揭示出大学生就业难的现状。根据智联招聘平台数据显示,在有求职计划的应届毕业生中,已收获Offer的占46.7%,明显低于2021年的62.8%。其中,获得1～3个Offer的占比为38.1%,低于2021年的48.9%。有求职计划的毕业生中已签约的占15.4%,同样低于2021年的18.3%。与签约率相比,求职录取率的降幅更显著,由此可从侧面反映出招聘岗位减少,毕业生对工作的选择余地缩小,面临就业困难。

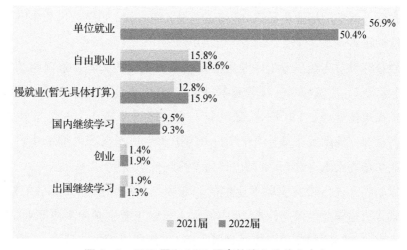

图 4-2 2021 届和 2022 届高校毕业生就业去向

数据来源:智联招聘《2022大学生就业力调研报告》

2. 升学热

与单位就业比率持续降低形成明显对比的是，升学成为越来越多高校毕业生的选择。对于想在国内升学的专科生和本科生而言，主要有专科起点本科招生和考研两个渠道。

对于专科毕业生来说，升学主要是指读专科起点本科。教育部最新统计：2019年专科起点本科招生31.75万人，2020年招生61.79万人，2021年招生71.77万人（比2020年增长9.98万人）。

对于本科生而言，升学主要是指考取硕士研究生。从我国硕士研究生报考人数来看，自2016年起，报考人数在高位上保持高增长趋势。2022年全国硕士研究生报名人数达457万，较上年增长80万，同比增长21.22%。

根据麦可思就业蓝皮书数据显示，2022年国内升学毕业生的学历层次结构中，本科毕业生为105.07万人，专科起点本科招生是71.77万人；从升学总量上来看，本科毕业生规模大于专科毕业生规模，本科毕业生是国内升学的主要人群。同年，普通本科应届毕业生总数为420万，本科毕业生的升学比例约为25%。

还有一些毕业生会选择留学的方式，到国外进行深造。但新冠肺炎疫情对到国外留学的毕业生而言，影响还是很大的，2022届高校毕业生选择出国深造的仅占2.07%，较2021届减少0.58%。

教育背景对高校毕业生职业生涯规划具有很大的影响。智联招聘调查结果显示，双一流院校学生比普通本科生、专科生更爱深造。普通本科院校毕业生在单位就业、自由职业、慢就业上的意愿均要高于双一流院校毕业生。而在双一流院校毕业生中，17.6%的毕业生选择在国内继续学习，4%的毕业生选择出国深造，分别高出普通本科院校毕业生10.9%、3.1%。

家庭收入也会影响应届毕业生的职业规划。智联招聘调查结果显示，中高收入家庭毕业生倾向深造，而中低收入家庭毕业生倾向自由职业、慢就业。家庭收入"高"的应届毕业生选择"出国继续学习"的占17.1%，家庭收入"中上"的应届毕业生选择"国内继续学习"的占32%，数据明显高于中低收入家庭的毕业生。收入"中下"和收入"低"家庭的毕业生,选择自由职业的分别占21.5%、19.5%,选择慢就业的分别占18%、17.6%,由此可见中低收入家庭的毕业生打零工补贴家用或是对就业行情持观望的态度观念较为明显。

(二) 用人单位流向分布

在用人单位流向分布方面,主要通过不同企业性质对毕业生就业的吸纳能力的变化,来分析当前高校毕业生的就业单位流向的变化与特点。

1. 民营企业、中小微企业户仍然是高校毕业生就业单位的主力市场

十八大以来,随着我国非公有制经济发展环境不断优化,我国民营企业快速发展。工信部发布的数据显示,10年间我国的民营企业数从1 085万户增长到4 842万户,其中99%以上都是中小企业;2021年我国私营个体就业人员总数达4亿人,较2012年增加了2亿多人。

有数据显示,2014—2019年有超过半数大学毕业生选择进入"民营企业/个体"就业,本科毕业生和专科毕业生在这类用人单位就业占比分别为53%和68%,走"专精特新"发展路线的中小微企业成为吸收大学生的主力军,且多年来为解决就业问题作出了重要贡献。原江苏省教育厅厅长、党组书记葛道凯坦言,民营企业历来是江苏吸纳高校毕业生的重要渠道,超过七成的江苏高校毕业生在民营企业就业。

智联招聘调研报告中的数据显示,2022年有更多的高校毕业生愿意选择到中小微企业就业。在2022届毕业生就业单位期望中,国企仍是毕业生首选,占比44.4%,高于2021年的42.5%;选择民营企业的占比17.4%,比2021年的19%继续下降。在2022届毕业生中,有45.1%青睐规模在500~9 999人的中型企业,占比最高,并高于2021年的44%。同时,毕业生选择小型和微型企业的也呈现增多趋势,2022年占比分别达到3.6%、34.4%,高于2021年的1.8%、28.7%。小微企业备受高校毕业生青睐,在一定程度上也反映出高校毕业生对就业压力有了进一步的明确认识,适度调整了择业

期望,降低了期望值,求职行为趋于保守。

受疫情等多方面因素的影响,民营企业/个体这一类的就业率呈现下降趋势。麦可思就业蓝皮书公布的2021年本科毕业生就业数据显示,近三届毕业生的这一类型的就业率,2018届毕业生达54%,2019届毕业生是53%,2020届毕业生降到52%,三年降低了2个百分点①。

2. 国企、事业单位招录规模扩大,在稳就业保就业中发挥了相应作用

2020年3月印发的《国务院办公厅关于应对新冠肺炎疫情影响强化稳就业举措的实施意见》指出,要推动稳就业政策向高校毕业生重点倾斜,落实党政机关、事业单位、国有企业等今明两年空缺岗位主要招聘应届高校毕业生等政策,扩大国有企业、事业单位、基层服务项目、应征入伍等招聘招募和硕士研究生、专升本招生规模,开发城乡社区等基层公共管理和社会服务岗位,扩大"三支一扶"计划等基层服务项目招募规模。

在国家政策强有力的支持下,国有企业、政府机构、科研或其他事业单位吸纳毕业生的比例呈现逐年上升的趋势。麦可思就业蓝皮书公布的2021年本科毕业生就业数据显示,2018届毕业生在国有企业的就业率为19%,2019届毕业生在国有企业就职的比率为20%,2020届毕业生的这一比率升高到21%。从近三届的趋势来看,毕业生选择国企的就业率上升了2个百分点。选择到政府机构、科研或其他事业单位就业的就业率,2018届毕业生是19%,2019届毕业生是20%,2020届毕业生是21%,近三届的就业率也呈现上升趋势,提升了2个百分点。

此外,中外合资/外资/独资企业等其他性质的企业,也吸纳了少数毕业生就业,但是对就业率的影响较小,并且近三年就业率的变化也呈现逐年降低的趋势;高校毕业生选择在民办非企业组织中就业的比例非常少,近三年来每年只有1%,对高校毕业生就业的影响基本没有变化。

---

① 麦可思研究院.就业蓝皮书:2022年中国本科生就业报告[M].北京:社会科学文献出版社,2022:43.

(三) 地域流向分布

具有良好的教育经历、专业技术知识和劳动能力的高校毕业生是重要的人才资源,他们的流动行为形成了高校毕业生的空间转移。毕业生对就业城市的选择被用来进行高校毕业生迁移流动的分析研究。

毕业生选择的就业地呈现以下几个特点。

1. "新一线城市"深受欢迎——毕业生的就业重心呈现下沉特点

在优越的地理位置、强大的财政支持、优秀人才优势的加持下,"新一线城市"对高校毕业生的吸引力不断增强。"新一线城市"是相对于"一线城市"而言的。"一线城市"包括北京、上海、广州、深圳。"新一线城市"则是《第一财经周刊》在2013年首次提出的,每年评出15座新一线城市。麦可思《2021年中国本科生就业报告》数据显示,新一线城市吸纳就业的比例从2016届的23%上升到2020届的27%。由此可以看出,近年来高校毕业生就业重心不断向非一线城市下沉,在新一线城市就业的毕业生比例持续上升。

从近五年数据来看,应届本科生在新一线城市就业的比例稳步上升,2021届本科毕业生在新一线城市就业的比例(27%)较2017届(24%)增加了3个百分点,而在一线城市就业的比例则是2017届(22%)较2021届(18%)降低了4个百分点。

新一线城市产业结构、就业生态、城市环境、公共服务等不断完善,将持续吸引大学毕业生前来就业。新一线城市拥有着宽松的落户政策和开放的人才政策,越来越多的优质工作机会,还有不错的收入,以及性价比较高的生活条件。

选择在这些城市就业,收入是实实在在的吸引力。麦可思研究院2022年发布的就业蓝皮书显示,一线城市的月收入水平在2021届为7 332元,相比2017届增长23%;新一线城市的月收入水平在2021届为6 048元,相比2017届增长30%。虽然新一线城市收入的绝对值落后于一线城市,但增速高于一线城市。

2. "孔雀东南飞"——东南沿海对高校毕业生的就业吸引力较大

东部沿海整体经济社会发展水平高，具有吸纳就业的产业优势，对毕业生就业吸引力巨大。

麦可思研究院2022年发布的就业蓝皮书显示，2019届高职毕业生在泛长三角地区就业的占比高达22.9%；其次是泛珠三角区域，占比为20.4%；再次是泛渤海湾区域，占比为20%。2021届本科生毕业半年后，在泛长三角地区就业的占比最高，达25.2%，其次是泛珠三角地区，达20.1%。吸引力强的二线城市集中在泛珠三角、泛长三角地区。比如，在珠海、徐州、金华就业的本科生中，外省籍毕业生占比较高，分别为54%、52%、52%，体现出这些城市对本科毕业生的吸引力较强。对比之下，泛渤海湾地区的本科毕业生则有所外流，其占比为20.5%，而本科毕业生在当地就业的占比仅为18.6%。

麦可思《2021年中国本科生就业报告》的数据显示，从地区大学生流入总量上看，各地区流入大学毕业生人数分布如下：有超过30万的大学毕业生流向广东省，浙江省流入21万多人，江苏省流入近19万人，北京市流入16万多人，以及上海市流入14万多人。

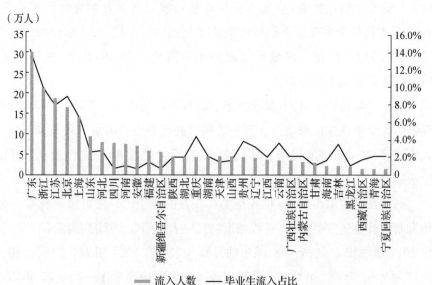

图4-3　2021年31省(市、自治区)高校毕业生流入人数及占比

数据来源：麦可思研究院发布的《2021年中国本科生就业报告》

将各地区大学毕业生流入和流出差额考虑在内,就得出了各地区大学毕业生净流入数量。数据显示,2021年全国只有12个省市有大学毕业生净流入,广东省净流入大学毕业生近25万人,位于榜首,足以看出广东省强有力的吸引力;接下来是浙江省,净流入人数约为15万人;北京市有7.1万人;江苏省有6.4万人;上海市有6.4万人;新疆维吾尔自治区有4.7万人等。

表4-2 31个省(市、自治区)2019—2021年高校毕业生净流入数据变化

地区	2019年	2020年	2021年	变化	地区	2019年	2020年	2021年	变化
广东	18.4	21.8	24.6	↑6.2	甘肃	−1.5	−0.9	−1.9	↓−0.4
浙江	8.8	10.8	14.6	↑5.8	云南	−0.4	0.3	−2.1	↓−1.7
北京	6.4	2.7	7.1	↑0.7	河北	0	−2.5	−2.2	↓−2.2
江苏	4.1	3.1	6.4	↑2.3	安徽	−3.8	−2.2	−2.3	↑1.5
上海	6.2	6.3	6.4	↑0.2	辽宁	−2.3	−2.7	−2.9	↓−0.6
新疆维吾尔自治区	4.8	4.5	4.7	↓−0.1	四川	−2.5	−3.0	−3.0	↓−0.5
福建	1.1	1.3	1.3	↑0.2	天津	−2.1	−3.8	−3.4	↓−1.3
青海	0.9	1.3	1.1	↑0.2	陕西	−3.6	−2.9	−3.5	↑0.1
海南	0.1	0.4	0.8	↑0.7	吉林	−3.9	−5.1	−3.7	↑0.2
西藏自治区	0.8	0.9	0.8	0	广西壮族自治区	−3.2	−3.8	−5.3	↓−2.1
内蒙古自治区	0.1	1.0	0.7	↑0.6	河南	−4.5	−4.2	−5.3	↓−0.8
宁夏回族自治区	0.4	0.5	0.5	↑0.1	黑龙江	−6.1	−5.2	−5.7	↑0.4
山西	−1.4	−0.3	−0.9	↑0.5	江西	−6.4	−5.8	−7.2	↓−0.8
贵州	1.0	1.6	−0.9	↓−1.9	湖南	−5.5	−6.0	−8.3	↓−2.8
山东	0.5	−0.3	−1.1	↓−1.6	湖北	−5.3	−7.0	−8.4	↓−3.1
重庆	−1.2	−1.1	−1.1	↑0.1					

数据来源:https://baijiahao.baidu.com/s?id=1719220446491446094&wfr=spider&for=pc

高校毕业生在就业地的选择上展现出的新变化,也体现了高校毕业生横向流动的特点,东三省、西部地区人才流失率较高,东南沿海则成为"毕业生收割机"。

三 高校毕业生社会流动困境分析

当前,我国大学毕业生社会流动在加强的同时,也存在着一些问题,使得大学毕业生的社会流动在一定程度上受阻,具体问题分析如下。

(一) 高校毕业生社会流动存在着一定的失衡与无序现象

受我国高校扩招和就业政策的影响,大学毕业生社会流动的数量与速度都在不断提高。在大学毕业生社会流动率提高的同时,毕业生在流动方向上的盲目性、在数量和速度上的不可控性也在一定程度上显现出来,带来了较为严重的失衡与无序现象,造成了人力资源的"相对过剩"和某些地区、行业的人才缺乏并存的矛盾现实。虽然国家在积极推进城乡二元制改革、社会保障制度改革,大力建设社会主义新农村,在政策上鼓励大学毕业生到中西部地区发展、到社会基层发展,但是大部分大学毕业生还是倾向于留在东部发达地区,甚至非北京、上海、广州等大城市不去,有这种思想的人还不在少数,这就导致大学毕业生社会流动在方向上存在着一定的盲目性。大学毕业生的数量逐年递增,根据教育部统计,2021年全国普通高校毕业生规模达909万人,而到了2022年毕业生规模将达1 067万人,再加上以前没有充分就业的一部分人,这个数量累加起来是巨大的,大学毕业生的流动规模、流动速度也都是史无前例的。如果这部分大学生的社会流动没有得到很好的引导和控制,不仅会浪费国家辛辛苦苦培养起来的人才,而且可能还会引起社会不安定,造成政治、经济、社会等方面的混乱。

（二）上升性的社会流动机会还不能充分满足毕业生的需求

大学毕业生社会流动受阻主要表现在就业难上。所谓的就业难并不是大学毕业生真的找不到工作，而是就业岗位的条件低于毕业生所能接受的底线，所以出现"社会有岗位，但不能实现大学生充分就业"的现象。这条底线是什么？从社会流动的角度看，如果该岗位是处于比较高的社会阶层，或是能提供向上流动的机会，毕业生在心理上就会倾向于认同而就业；相反，如果该岗位处于较低的社会阶层，并且可能导致流动停滞或是向下流动，毕业生在心理上就会抗拒，宁愿待业也不去就业。可见，这一岗位有没有个人发展的机会，确切来说是有没有个人向上流动的机会，这是大学毕业生就业的一条底线。

在社会提供的岗位中，为什么有的岗位处于这条底线之下呢？主要原因在于我国社会尚处于转型期，正由以第一、第二产业为主转向第一、第二、第三产业协调发展的道路上来。在大众化教育背景下，毕业生的数量猛增，但是专业设置却没有和社会需求密切挂钩，培养的高端的科研管理人才多，而操作型、应用型的人才少。当前我国社会发展的实际情况是，第三产业不发达，有些产业像生物医药等，甚至处于刚开始发展的阶段，没能提供足够的"白领"岗位，我国职业结构高级化演变速度低；第一、第二产业发展程度和自主创新能力比较低，科研方面不发达，管理方面比较传统，主要引进操作型、应用型的技工，对大学毕业生的需求量较少，对毕业生需求的层次也较低，我国职业结构高级化程度低。在陆学艺的十大阶层的划分中，刚就业的"白领"一般属于办事人员阶层，这种岗位的向上流动机会相对而言比较大，而技工则一般属于工人，在社会阶层中处于较低的位置，并且上升的空间不是很大。这种种原因导致了大学毕业生的结构性失业，即大学毕业生没能找到跟自己相匹配的职位，企业也没有找到自己想要的人才，向上流动的机会远不能满足大学毕业生的期望。

根据国家统计局预算，在20世纪80年代，GDP每增长一个百分点可增加240万个就业岗位，到90年代，GDP每增长一个百分点只能增加70万个就业岗位。人口与就业的矛盾无论在近期还是今后一个较长时期内都将严重影响大学毕业生社会流动。

（三）社会流动自致性规则的普适性还没有得到全面体现

在我国社会趋向开放、社会等级位序整体提升的同时，另外三种消极的社会流动趋向正在出现，将不利于中国现代化发展。一种倾向是阶层流动的代际继承性在增强。这将会减少阶层之间的社会流动，降低社会的开放性，使社会阶层趋向封闭，贫富的代际传承明显。第二种倾向是经济资源、政治资源和文化资源等主要资源出现向上层集聚的趋势，加重了社会的阶层固化现象，从下往上的替代式流动困难。第三种倾向是，一些阻碍公平、合理的社会流动的制度性障碍，如城乡二元体制、教育资源的配置制度等仍没有被革除，反而在继续影响着社会流动。种种趋势都说明社会流动的自致性规则没有得到充分发挥，相反，一些先赋性规则，像社会关系和父母所掌握的政治资源、经济资源、文化资源等，却在很大程度上影响着大学毕业生这一群体的社会流动，不利于其公平、自由流动。

自致性规则的普适性之所以没有得到全面体现，主要是因为现阶段我国社会公平机制的软弱。一个社会的和谐发展、文明进步，必须有一个强大的社会公平机制作保障。现在我们虽然有这个机制，但是这个机制还比较软弱，没有完全发挥它的威力，这必然导致先赋性因素对个人发展产生负面影响。

（四）高校毕业生社会流动相关保障不足

我国社会保障体系没有把大学生纳入其中，造成了大学毕业生的社会保障不健全或是在很多领域都存在缺失的问题。

在我国开始实施双向选择、自主择业之前，我国的大学毕业生是干部身份，由国家分配，基本不存在失业问题，所以对于大学生没有相关配套的保障措施，而且这一问题在当时的社会条件下也没有表现出来，或者说被掩盖了。而在自主择业的情况下，加之贫富差距的拉大，大学毕业生缺乏社会保障的弊端逐渐浮出水面。大学毕业生就其本身来说，在大学深造的三到四年,他们放弃了其他的流动机会,一心为毕业后的社会流动积累教育资本,一方面确实获得了较为系统、全面的知识,但是另一方面他们的实践经验较少,加上我国教育重知识传授轻能力培养、重智商开发轻情商教育的现实,导致大学毕业生在就业过程中存在这样或那样的问题,社会流动的能力较弱。大学毕业生特别是家庭贫困的大学毕业生,如果没有相应的医疗保险、失业保险以及生活保障等,会给他们找到合适的工作、顺利走向社会继而实现社会流动带来很大影响,甚至会导致失业,致使这部分人群的社会流动受阻。众所周知,大学毕业生属于我国的知识分子人群,他们是我国现代化建设的后备力量、是未来国家各项建设的主力,如果他们没有相应的社会保障,将会带来人才浪费,将不利于社会的长足发展。

(五) 高校毕业生的流动意识有待转变

大学毕业生仍然存有一劳永逸、一蹴而就的就业心理。从传统向现代急剧转型的时期,现代化取得的成就为大学生的发展提供了优异的基础和条件。伴随着社会的进步,社会职业流动现象日渐突出,大学生就业目的不再是一次达成的,可能要经过多次就业才能达到自己设想的目标。而有的大学毕业生总想着一次达成心愿、总想着一劳永逸。在现实生活中,能够一次达成目标诚然不错,但是在当前情况下更为普遍的是先就业,然后继续奋斗,向着理想继续前进。因此大学生要树立多次就业的心理准备和择业上的自主意识,求职时的能动意识,摒弃终身职业观念,增强职业流动意识,对职业生活中的起伏要有一定的心理准备,增强人才流动观念。

大学毕业生会根据市场机制自觉调整虚高的期望值而实现就业,只要岗位的条件不低过底线,就一定会有大学毕业生愿意去。大学生对社会变化最为敏感,对社会信息捕捉最为迅速,对社会问题思考最为活跃,对新鲜事物最容易接受,思想最为开放,是社会同年龄青年中智力与知识最高的群体,因此,不能低估他们在就业选择上的理性。但当岗位条件低过了底线时,大学毕业生将不会再降低其期望值而会选择等待机会,这些岗位则可能会由下岗工人、农民工等取而代之,这不是毕业生观念的问题(有专家从职业搜寻理论的角度论证了这一点)。

(六) 组织资源仍然直接影响人们的社会地位

改革开放以前中国实行的是高度集中的计划经济,计划经济也被称作再分配经济,它是权力经济。各级行政和经济组织都被赋予了一定的行政级别,不同的行政级别意味着控制的资源不等,意味着在获取资源时具有不同的谈判能力。

进入一定的组织就预示着个人可以拥有一定的资源控制和调配能力,尽管这些资源在名义上并不属于个人所有,但是它却由个人分享或支配。因此,个人的社会地位与其所在的组织机构有密切关系。中国城市的"单位制"就是如此。组织资源的获得并非完全按照能力原则,在相当大程度上它奉行的是政治忠诚原则。除教育文凭之外,政治凭证对进入中国的行政管理位置(提供真正的权力乃至特权的位置)具有决定意义。1978年以来,我国由计划经济向市场经济转变,行政级别的概念有所淡化,单位制有较大突破。但即使是改革20多年后的今天,单位制对经济不平等和社会地位流动的影响力仍显而易见。至今,单位仍具有社会地位和经济地位的内涵,个人所属的单位层级,比起个人本身的职业,反而更能代表个人的社会地位和经济地位。在市场化过程中,有一些掌握较为丰富组织资源的人利用其优势,把它转化为社会关系优势,在社会流动中处于优势位置,可以较便利地进入经济报酬较高的其他领域和行业,或者直接把公共组织资源用于谋取个人私利,提高其社会经济地位[①]。

矛盾是事物发展的动力,大学毕业生社会流动中存在问题并不可怕,这些问题如果得到合理解决,恰恰是大学毕业生实现顺利流动的动力。因此,对于大学毕业生社会流动中存在的问题要以积极的态度来对待,寻找针对性的措施来解决。

---

① 龚维斌. 我国社会流动机制:变迁与问题[J]. 中国社会科学院研究生院学报,2004(4):64-69.

第五章
高校毕业生社会流动影响因素

社会流动的影响因素在不同的国家,或是在同一国家的不同时期都不尽一致。美国学派认为,个人的态度与行为是社会流动的主要原因,强调社会位置的不同是取决于个人的素质,特别是受教育水平与掌握的技能。这主要是因为二战后美国经济快速发展,"机会平等""个人奋斗"成为美国人的共识。欧洲学派则认为是社会结构的转变导致了人们社会位置、社会地位的不同。欧洲学派认为人们的社会流动是由于工业化进程中社会结构从礼俗社会走向法理社会、从机械团结走向有机团结而引起的。由于欧洲具有争取公民权的民主化历史背景,所以欧洲学派更加强调社会结构与法律平等的作用。美国学派是"机会平等假设"与"个人选择"理论模式,而欧洲大陆是"法律平等"和"结构安排"理论模式,二者形成了一定的分歧。

对于这一分歧,布劳与邓肯从阶层的角度来探讨个人职业流动,揭示了职业变迁中个人社会地位的变化与社会背景之间的关系:就本人教育水平和家庭背景在"初次职业"与"再次职业"流动中所起的作用而言,家庭背景在初次职业流动中的作用要高于后者;根据这一统计模型,还可以从中判断社会的开放程度。布劳、邓肯的研究结论是职业地位获得受到先赋性和自致性双重因素的影响。

可见,社会开放程度不同,影响社会流动的因素差异也很大。在封闭社会中,人们所获取的资源取决于制度安排以及身份背景,如血缘、家族关系、遗传(世袭)等先赋性因素,这些先赋性因素决定了他的阶层地位、决定了他的社会流动方向。而在高度流动的开放型社会中,个体获得资源的方式主要受自致性因素的影响,主张机会均等,社会各阶层之间的流动比较频繁。我国正逐渐打破阻碍社会流动的枷锁,改革户籍、社会保障等因素,更加重视受教育水平、个人才能等自致性因素在社会流动中的作用。

在当今社会流动的大环境、大背景下,制度性安排与代际传承作为先赋性因素影响着人们社会流动机会的获得和社会地位的改变,而个人的自致性因素是人们社会地位提升的基础性动因,这两种因素交织在一起,共同影响着大学毕业生的社会流动。

一 先赋性因素

现在我国正处于社会转型期,由于还没有完全形成现代社会的制度条件,在不同的地域、不同的层面,自致条件的决定作用尚不能完全发挥,还常常受到先赋性社会条件的挑战。在这里,主要从制度因素、当前的法律法规、流动成本、家庭因素、社会关系、性别等方面逐一进行分析。

(一) 制度性因素

我国现行的户籍制度、社会保障制度对大学毕业生的社会流动构成了一定程度的阻碍。大学毕业生的合理流动缺乏成熟的环境支持和制度保障。

1. 户籍制度的束缚

我国的户籍制度是在 1958 年 1 月 9 日由全国人大常委会通过《中华人民共和国户口登记条例》后开始实施的。户籍制度作为我国计划经济体制与特定历史条件相结合产生的特有制度,在建国初期,为恢复和发展国民经济、维护社会安定、巩固新生政权,曾发挥过巨大的积极作用。但是随着经济的发展,社会的流动性越来越强,以前那种把人固定在一个地方、限制人们社会流动的户籍制度与现代经济社会的发展越来越不适应,对此,国家也采取了一系列措施进行改革。2014 年,《国务院关于进一步推进户籍制度改革的意见》正式发布,进一步调整户口迁移政策,统一城乡户口登记制度,全面实施居住证制度,到 2020 年基本建立新型户籍制度。2022 年,国家发展改革委在印发的《"十四五"新型城镇化实施方案》中提出,全面取消城区常住人口 300 万以下的城市落户限制;全面放宽城区常住人口 300 万至 500 万的大城市落户条件;放开放宽除个别超大城市外的落户限制,试行以经常居住地登记户口制度;城区人口在 500 万以上的城市,比如上海、北京等超大、特大城市实行积分落户制度，精简积分项目，鼓励取消年度落户名额限制。

户籍制度改革是继家庭联产承包责任制之后的又一"解放"农民的改革，是我国经济社会发展的大势所趋。通过户籍制度改革，将传统的城乡分割的二元户籍制度，过渡和改革为城乡统一的一元户籍制度，打破以往的"农业人口"和"非农业人口"的户口界限，使公民获得统一的身份，享有统一的居住和迁移的自由权。当前的户籍制度改革实行的是差异化的迁移政策，针对建制镇和小城市、中等城市、大城市、特大城市四个类别提出不同要求。

户籍制度既连着人口的社会流动，又连着城市的发展。户籍制度经过一系列的改革，加快畅通高校毕业生的社会性流动渠道，积极促进了人才合理有序流动。但是即便如此，户籍制度对大学毕业生社会流动的影响在一定程度上还是存在，甚至制约着人才的合理流动。之所以存在这种影响，主要是由于户籍制度改革不彻底，没有完全放开。户籍制度对大学毕业生社会流动的消极影响有两个方面：

一方面，户籍制度影响了大学毕业生的自由流动。当前就业形势下，企业对大学生的户籍要求不是很严格，更看重的应聘人员的工作能力。但是在一些地方性的事业单位考试、公务员考试中，户籍制度要求比较严格，有的甚至要求是本县、市、区的生源或户籍，这就在一定程度上制约了大学毕业生的自由流动，不利于人力资源的整合、优化。当前情况下，虽然国家一直在探索改革户籍制度，但是一些经济发达的大城市对户籍的改革更多地体现在对人才精英的吸引，对于本科和专科学历的高校毕业生群体而言，依然受到较多的限制。

另一方面，户籍制度影响着大学毕业生的流向。我国户籍制度的背后隐藏着不同的福利标准。北京、上海等城市的户籍之所以具有极大的吸引力，最重要的是户籍背后所隐藏的就业、补贴、社会保障、城市基础设施等方面的巨大福利。此外，这些城市的教育体系也比较发达，就业机会比较多，这也在一定程度上吸引着即将走出校门的毕业生。不同的户籍代表着不同的福利待遇，必然影响大学毕业生的流向。在当前形势下，文凭在找工作的过程中发挥的作用还是比较大的,毕业生都希望通过找到一个好的工作留在城市里。这就使大学毕业生流动的方向极可能都是从农村流向城市、从小城市流向大城市。

随着户籍管理制度的改革,城乡户口差别在政策层面逐步消失,由户籍管理制度引起的人才流动障碍逐渐松动。但要真正实现户籍自由、平等,这将是一个漫长的过程。以上这些缺陷和不适应,说明我们现有的户籍制度在人才的合理流动方面还有一定的改进空间。

2. 社会保障制度的制约

我国社会保障体系的建设是一个漫长的过程。1949年到1952年间,我国首次明确阐述了社会保障体系,创建了以职工劳动保险为主体,以社会救济为基础,以社会福利和优抚安置为补充的社会保障制度。1958年,随着《中华人民共和国户口登记条例》的出台,我国城乡二元户籍制度正式形成,城乡二元并行的社会保障制度的根源也由此产生。直到"十二五"期末,涵盖各类群体的社会保障体系总体框架初步形成,十九大报告中更是提出了要建成覆盖全民、城乡统筹、权责清晰、保障适度、可持续的多层次社会保障体系。百年来,我国社会保障体系的建设从无到有、覆盖人数从少到多、保障水平从低到高、管理服务能力从弱到强。目前我国的社会保障体系主要包括社会保险、社会救济、社会福利、社会优抚和安置等内容,逐渐形成了世界上最大的社保体系,并处在不断完善之中。

社会保障事关人民最关心、最直接的现实利益问题,大学生作为一个相对弱势的群体,理应在社会流动中得到社会保障制度的保驾护航,但是现实中却存在缺失和不足。由于保障制度的不完善和保障水平的不平衡,我国的社会保障体系并没有把在读和失业的大学生实质性地涵盖在内。与我国不断完善的社会保障体系形成鲜明对比的是,很多保障内容都忽视了大学生这一群体,针对大学生至今还未形成比较健全的社保体系。特别是2022年高校毕业生的数量高达1 076万,被称为"史上最难就业季","北大博士争当城管""985毕业生抢进烟厂"的新闻引起热议,大学生就业形势严峻,失业率居高不下,高校毕业生就业情况和社会流动情况备受社会各界的广泛关注。在高校毕业生离校走向工作岗位的这一个阶段,大学生应该享有政府提供的医疗保障、失业保障、意外保障等,但是由于大学生社保的政策内容不明晰、政策执行不到位、政策制定和监督存在漏洞等问题,使得高校毕业生的社会流动缺乏相应的保障,影响了社会流动的流畅性。

(1) 医疗保险不健全

随着我国医保制度的不断完善,我国出台了一系列专门针对大学生群体的医保政策,主要内容分为两大类,一类是公费医疗,另一类是城乡居民医保。

首先来看公费医疗。我国高校公费医疗制度始于1952年,这是由国家提供的免费医疗保障,高校在很长一段时间内沿用了计划经济时代的公费医疗模式。高校根据自身情况决定医保报销比例,大学生入学注册后即可免费享受公费医疗,这为保障师生员工的身体健康、维护高校稳定等发挥了巨大作用,但是高校的医疗水平毕竟有限,现行公费医疗制度的弊端日益显现。

一是大学生医疗保障水平低,覆盖面较窄,难以为大学生提供充分的医疗保障。我国公办大学的医疗保障制度采取的是1998年的标准,每人每年40~60元不等,经济条件较好的地区标准稍微提高,北京市的标准也仅为每人每年90元,这点费用对于大病支出来说是杯水车薪,难以为大学生提供充分的医疗保障。即便如此,也并非所有的高校学生均能够享受公费医疗待遇,1999年以来扩招的大学生、民办或系统行业所办高校的本专科生均未能享受公费医疗。大学生的医疗保险没有被纳入城镇居民医疗保险制度范围,缺乏资金,保障的水平低。

二是医疗费用的支付有限额,理赔时间长。特别是在大病医疗方面,公费医疗费用的最高支付有限额,重大疾病医疗保障问题并没有解决,在转院等方面也存在突出问题;而且由于保险金为事后支付,保险理赔时间周期长,所以经常出现被保险人支付不起医疗费而影响治疗的情况。

此外,加上高校人数的不断增加、大学生重大疾病增加等方面因素的影响,加重了高校经济负担。大学生医疗保险的保障范围、保障水平、保障额度非常有限,加上医疗保障不健全等问题,都会影响大学毕业生的社会流动。

再来看城乡居民医保。计划经济体制下的大学生医保制度弊端明显,改革势在必行,我国对此进行了多元化医疗保障模式的探索,最终形成了统一的社会基本医疗保险模式。2008年国家出台了《国务院办公厅关于将大学生纳入城镇居民基本医疗保险试点范围的指导意见》(国办发〔2008〕119号),将大学生纳入城镇居民医保,实行属地管理,医保费用由个人缴纳和政府补助两部分组成。当前,除了北京、上海等少部分高校还属于公费医疗外,全国绝大部分高校的医保都已经纳入了当地城乡居民医保体系。将高校大学生纳入城镇居民基本医疗保险,有其存在的合理性、必要性和现实性,但是在执行起来仍然存在着诸多问题,一是"低水平、广覆盖"的标准和水平决定了大学生享受到的基础性医疗服务水平较低,只包括基础用药和基础疾病,这也导致大学生医保意识薄弱,保险知识普及率低;二是我国现行基本医疗保险制度包括职工基本医疗保险制度、新型农村合作医疗制度、城镇居民基本医疗保险制度,这三项保险都因工作单位和户籍性质而异,相互之间衔接不畅,系统也不统一,在毕业季会产生一些问题,比如受户口制度的限制,城镇户口不可回迁为农村户口,很多大学生毕业后户口难以迁回农村,新农合医疗保险就转入不了。

(2) 失业保险缺失

高校毕业生就业是关系国计民生的重要问题,近年来随着高校毕业生总量的增加,国际国内经济形势下行压力的增大,大学生失业问题在众多社会问题中凸显出来。1951年,中央人民政府政务院颁布了《中华人民共和国劳动保险条例》,标志着新中国劳动保险制度的正式建立。1999年高校扩招之前,我国的大学一直实行精英教育,就业实行统包统分的计划模式,使得高校毕业生的失业问题不突出。我国于1999年1月12日颁布的《失业保险条例》未纳入大学毕业生群体,其第十四条规定:"具备下列条件的失业人员,可以领取失业保险金:(一)按照规定参加失业保险,所在单位和本人已按照规定履行缴费义务满1年的;(二)非因本人意愿中断就业的;(三)已办理失业登记,并有求职要求的。失业人员在领取失业保险金期间,按照规定同时享受其他失业保险待遇。"按此规定,找不到工作的大学生不可能领到失业保险金,也不可能享受失业保险待遇。在自主择业政策下,大学生失业现象日益普遍,甚至出现了"毕业即失业"的现象,他们的档案就放在就业指导中心,属于既没有工作单位、又没有居住城市归属的"边缘人"。这种状况对大学毕业生而言非常不利,其社会流动缺乏社会保障,高校毕业生这一特殊群体在择业期、待业期如何获得失业保障,如何通过失业保险来帮助这一部分群体实现初次就业、实现社会流动,还亟待解决和完善。

(3) 生活保障程度低

当前,高校大学生的生活保障,以家庭提供经济来源为主,同时兼有多种资助和保障渠道。对于家庭经济困难的学生而言,助学金、奖学金和银行的助学贷款等方面的资助方式比较典型,地方政府的求职补贴等也是当前大学生经济保障的辅助方式,还有极少一部分大学生会受到社会上有经济实力的个人、企业单位、社会机构等的资助,但这部分力量非常小,受到资助的大学生范围也非常狭小,部分特困毕业生甚至要通过长期打工兼职来保证基本的大学生活。同时,学校的助学经费有限,解决面窄,而银行助学贷款和社会助学捐款具有商业和慈善性质,存在较多的条件限制以及可能引起还款纠纷等经济利益问题,贫困大学生受惠面十分有限。虽然有些省市地方政府规定,大学生毕业如果找不到工作,可以领取一定数额的失业救济金,但这只是一种权宜之计,并没有成文的法律规定作为保障。大学生的生活保障也需要社会保障制度的扶持。

(二) 法律法规因素

高校毕业生和合理社会流动理应受到法律法规的保护,我国的法律法规也在高校毕业生社会流动中发挥了重要作用。比如户籍法,迁徙自由是户籍法的终极目标,目的在于让户籍制度适应新形势下的人员流动,吸引人才、简化管理,保障我国公民的平等自由权。

高校毕业生就业权益的保护事关人才社会流动的畅通。就业权益是指与就业相关的一系列权力和利益的总称,从本质上讲,高校毕业生的就业权益属于劳动就业权,高校毕业生的就业权利是就业权益的内核。目前,虽然学界并没有形成关于高校毕业生就业权益内容的统一认识,但是从已有的研究来看,主要包括就业指导权、自由择业权、平等就业权、违约求偿权和知情权等。《中华人民共和国宪法》第四十二条中规定:"中华人民共和国公民有劳动的权利和义务。国家通过各种途径,创造劳动就业条件,加强劳动保护,改善劳动条件,并在发展生产的基础上,提高劳动报酬和福利待遇。"此外,我国当前的《劳动法》《劳动合同法》《就业促进法》等法律法规也对大学生的就业权益进行了保护,优化大学生就业的法制环境。但是由于法律本身缺乏可操作性,不能满足就业市场的快速变化,与大学毕业生社会流动相关的法律法规显得相对滞后和不健全,具体实施过程中的不严肃,就业市场不规范,加之高校毕业生的法律意识淡薄,高校毕业生的相关就业权益并未得到有效保护,都不利于大学毕业生社会流动的实现。

我国现行法律对于人才流动的制度保护作用涉及较少。习近平同志在党的十九大报告中指出:"要破除妨碍劳动力、人才社会性流动的体制机制弊端,使人人都有通过辛勤劳动实现自身发展的机会。"为了形成合理、公正、顺畅的社会流动格局,提高人力资源配置效率,增强社会活力,2019年12月,中共中央办公厅、国务院办公厅印发了《关于促进劳动力和人才社会性流动体制机制改革的意见》,该文件的出台,从宏观上看,围绕创造流动机会、畅通流动渠道、扩展流动空间、兜牢社会底线等方面作出了顶层设计和制度安排;从微观上看,对于个人而言,可以创造更多个人职业发展和价值实现的机会,增强个人通过努力奋斗改变命运的动力,实现人的全面发展。除了上面提到的《关于促进劳动力和人才社会性流动体制机制改革的意见》,2017年1月25日,教育部办公厅发布了《关于坚持正确导向促进高校高层次人才合理有序流动的通知》,为高校人才流动提供了遵循的基本原则,对高校人才流动提出了具体工作要求。此外,各个省级人大都或多或少地制定和颁布了本地人才合理流动的地方性法规,比如,2004年10月,江苏省第十届人民代表大会常务委员会第十二次会议修改通过的《江苏省人才流动管理暂行条例》;2000年7月,天津市第十三届人民代表大会常务委员会第十八次会议通过的《天津市人才流动条例》;2000年9月,河南省第九届人民代表大会常务委员会第十八次会议通过的《河南省人才流动条例》等。虽然当前对人才流动予以规范的专门性法律法规已经出现,但位阶较低,效力有限,难以具体操作,并不利于高校毕业生在全国范围内自由流动。

　　工资薪酬也是影响人才流动的重要因素。工资薪酬主要包括薪酬、福利、工作与生活平衡、绩效与认可、个人发展与职位晋升五个要素,对人才流动具有重要影响作用,甚至是能起到人才调配作用。物质资料基础是人类赖以生存的必要条件,也是影响人才流动的基本动力。职业收入是影响人们跳槽和职业选择的重要原因,甚至是首要原因。从宏观上看,"孔雀东南飞",人才趋向于流向东南沿海以及一线和新一线城市,区域的经济发展水平和经济社会发展活力影响人才流向;从中观上看,人才流动的流向集中在软件行业、咨询行业等,数量巨大;从微观上看,组织的管理风格、待遇水平和人才机制以及所在行业,是影响人才流动的直接因素。其中,薪资待遇和流动机会是人才流动的最主要因素。但是,我国目前还没有一个规范的工资薪酬制度,缺乏个人收入调节的政策性标准会导致个人工资薪酬差异悬殊,出现不均衡、不公平的问题。一些行业、地区由于薪酬待遇较低,对大学毕业生不能形成吸引力,缺乏新鲜的"血液",不利于该行业、地区的持续发展,也不利于人力资源的合理优化配置,造成大城市和一些行业求职者挤破头,而边远、基层地区和艰苦行业无人问津的极端现象。

　　因此,我国需要制定一个相对健全的人才流动法律体系,将有关人才流动事宜进行有效规范,健全人才流动市场机制,畅通人才流动渠道,保障人才流动安全,强化人才流动的法制保障,按照一定的原则和标准组合成为结构严谨、形式统一的法律规范有机整体。这个法律体系是人们在长期自觉的法律实践活动中逐步形成的,并且随着社会生活的不断变化而相应地调整和完善,它是一个开放发展的动态系统。

(三) 成本因素

随着"供需见面、双向选择、自主择业"就业政策的推行,高校毕业生的流动必然有成本投入,这其中包括政府组建人才市场的成本、用人单位的招聘成本、人才市场的运行成本、个人找工作的成本等,归结起来即为信息搜寻成本、营销费用和参加招聘会的各种费用等。本项研究的流动成本主要包括高校毕业生自身在就业招聘过程中产生的成本费用。据统计,早在2018年,大学生求职平均成本已突破5 000元大关,2020年大学毕业生的月平均薪酬达到5 838元。以山东省高校毕业生为例,仅有12.63%的毕业生求职成本低于3 000元,高达62.22%的毕业生在求职方面花费超过了5 000元。

其一,信息收集和筛选成本。高校毕业生的流动首先需要的就是搜集和筛选信息,信息的筛选是比较有难度的过程,而信息网络技术的进步则为大学毕业生寻找工作提供了便利。大学生获取流动信息、就业岗位信息的主要渠道有网络、各种媒体、学校就业部门以及地方人才市场和社会关系网络等。随着网络技术的普及,信息搜寻的费用逐渐降低,信息搜寻的速度和范围却越来越快,网络已经成为人才获取就业信息、完成就业目标的重要渠道。信息网络技术的发展,不仅降低了大学毕业生社会流动的成本,网上申请也成为多数公司的招聘手段,降低了企业的招聘成本,扩大了人才的搜寻范围,能够为企业搜寻到更优秀、更适合这一岗位的人才。中华英才网关于大学毕业生寻找工作渠道的调查显示,通过参加人才招聘会渠道找工作的大学毕业生约占24%,通过亲朋好友介绍的约占27%,而通过互联网应聘职位的人超过28%,并且这一比例也呈现逐年增加趋势。通过互联网应聘职位在不同的行业有不同的比率,例如,在计算机互联网行业,通过互联网找工作的人占到47%;在电子行业,通过网络找到工作的人占到32%。网上搜寻工作由于其低成本、高效率而受到青睐,这在一定程度上提高了流动频率,促进了大学毕业生社会流动。

其二,求职材料成本。在高校毕业生社会流动过程中产生的材料成本,主要是指简历制作成本。简历是求职的必需品,从拍照片、修图、精美设计,再到简历成册打印,一份简历大概需要花费 200 元。通过校园招聘会、校园宣讲会、社会招聘会等途径大量投递简历是大学毕业生的首选途径,简历投得越多,获得面试的机会越多,简历消耗就越大,因而求职材料成本就越高。大学毕业生在求职过程中,为了能够顺利通过笔试和面试,也需要购买学习资料,如若报考机关事业单位和国企、银行等特殊行业,还会涉及报名费、培训费等相关费用。

其三,求职形象打造成本。高校毕业生在求职形象包装上的花费也成为求职成本中的一项大型支出。相当一部分毕业生认为好的形象可以提高好感度,从而增加面试成功率,所以,从职业装、配套鞋包、发型、妆容,均需要精心准备,这一系列的形象打造费用综合下来也是一项较大开支。

其四,交通成本。交通费用是拉开求职成本差距的主要支出之一。参加校园宣讲会或者双选会而成功应聘是最佳情况,但是这种情况毕竟只是少数,绝大部分毕业生还是需要通过社会招聘渠道取得就业机会,交通费用在所难免。交通费用主要包括打车、乘坐火车或飞机等费用,且距离越远,频率越高,费用也会相应提升。

其五,租房成本。高校毕业生离校之后,如果选择离家求职,而不想在家乡本地就业,租房成本就会成为一项重要的求职支出。不同地区、不同级别城市之间的租房成本差异较大,越是大城市、发达城市,相应的租房成本就会越高,并且会成为一项长期性开支或是经常性开支。

上述求职成本构成了高校毕业生的社会流动成本,并根据流动区域、单位性质、就业去向等多方面的不同而呈现出成本高低的差异,也在一定程度上影响着高校毕业生的社会流动。

(四) 家庭因素

家庭是一个人社会化过程的开始,家庭环境和背景对个人的成长具有潜移默化的作用。当前的社会中,家庭门第出身对个人的社会流动还有很大的影响。家庭对大学毕业生社会流动的影响主要表现在家庭经济条件、父母的受教育程度和职位上。

1. 家庭经济条件对大学毕业生社会流动的影响

近年来,"富二代""穷二代""拼爹"等一些词语特别流行,"寒门难出贵子"的话题也为大众议论纷纷。从这些热门词语中可以看出,当前,父代的经济条件作为子代社会流动的先赋性因素具有世袭性和传承性的特点,对于子代的社会流动,特别是纵向的上向流动而言具有重要的作用。

(1) 家庭贫富差距较大

改革开放以来,我国在取得巨大成就的同时,人民收入水平却没有得到均衡的提升,收入差距逐渐拉大。基尼系数是国际上通用的衡量一个国家或地区居民收入差距的常用指标,基尼系数的最大值为"1",最小值为"0",指数在0.3至0.4之间视为贫富差距合理,在0.4至0.5之间视为贫富差距较大。国家统计局数据显示,1978年我国基尼系数为0.317;自2000年越过0.4警戒线,此后逐年上升;2004年超过0.465;2008年我国的基尼系数达到了0.491的"峰值";到2018年,基尼系数也保持在0.474。中国社科院研究报告显示,2021年我国基尼系数约为0.472。可以说,自2000年以后,我国的贫富差距一直处于较大的状况。不但如此,我国居民实际收入增长长期低于GDP和财政收入增长,收入差距不断拉大已成为不争的事实。人力资源和社会保障部劳动工资研究所发布的《2011中国薪酬报告》显示,2011年我国居民收入增长远远低于财政收入和企业收入增长,使得居民收入占国民收入相对比重不升反降。到了2018年,国家统计局数据显示,我国人均可支配收入实际增长为6.5%,快于人均GDP 6.1%的增速,我国居民收入增长和经济增长基本同步。

(2) 家庭的收入差异直接影响了个人的受教育水平

富有家庭的子女受教育条件好,而贫困家庭的子女受教育条件差。当前,有相当一部分的人认为,与子女受教育水平和受教育质量密切相关的是"学区",优质学区有着优质的教学质量,进入优质学校意味着会受到更好的教育,会有更好的求学机会,将来可以选择一个好的大学、好的专业,找到更好的工作岗位,孩子就会拥有一个美好的未来。因此,"学区房"备受追捧,价格居高不下,抗跌能力强,成为"硬通货"。可以说,"学区"和"学区房"的存在,实质上是对家庭经济条件的筛选。

(3) 子代的教育费用需要家庭的经济支持

近年来,"因教成贫""因教致贫"屡见不鲜。《2005 年中国居民生活质量指数研究报告》的一项调查结果显示:约有一成的城乡贫困人群的致贫原因是"家里有孩子要读书"。自从 1999 年实行扩招以来,大学本科的学费从 3 000 元一下子猛涨到 4 500 元以上,有的甚至涨到上万元。对于普通的城乡居民家庭而言,子女受教育的费用占据了大部分的家庭收入,有的甚至比其一年的收入还要多。这种现象导致的结果就是家庭经济条件好的孩子受教育的质量和条件优于经济条件差的孩子。家庭经济条件的不平等导致了子女一代在受教育机会、学历质量上的不平等。而在学历时代,有没有相关学历,甚至是有没有名校学历,直接影响了大学毕业生社会流动的质量和方向。

2. 家庭教育因素对大学毕业生的影响

(1) 父母的受教育程度对子女的受教育程度也会产生一定的影响

我国著名社会学家陆学艺的一项研究发现,父亲受到过较高教育的,往往倾向于让子女接受更多、更好的教育,也积极为子女提供更多的升学方面的信息,给予子女更多有建设性的建议,从而增加子女的教育资本。相反,如果父母受教育程度较低,对子女的教育往往不够重视,也很容易导致子女不重视教育,甚至产生教育无用的想法,影响了子女的受教育水平。蔡禾、冯华的一项调查研究也指出,子女的教育获得受父亲的教育程度影响最大,是家庭文化资本传承的表现。由此可以看出父母的受教育程度和对教育的态度,也是影响子女受教育程度的重要因素。

(2) 文化具有传递性，家风家训、家庭的文化氛围对子女的个人发展有较大影响

美国著名社会学家刘易斯提出了贫困文化理论，他发现长期生活于容易屈从、缺乏计划性、缺乏自制力和对权威的盲从这种贫困文化氛围下的人，会逐渐形成一整套有别于其他人群的特定的生活模式、行为准则和价值观念。这种文化氛围不仅会在这一代中传播，而且还会传承给下一代。在父母的潜移默化的影响下，这种文化会逐渐在子女日后的成长中显现出来，并影响其日后的发展。

(3) 父母的职位对个人而言也具有一定的影响

父母的职位反映了父母所掌握的政治、经济、文化资源状况，这些资源对于大学毕业生而言是非常有用的。经济资源可以为大学毕业生顺利实现社会流动提供财力支持；政治资源可以为大学毕业生顺利实现社会流动提供人脉支持和搜集相关招聘信息；文化资源可以为大学毕业生顺利实现社会流动提供较好的文化教育水平、提升个人素质等。在现实生活中，父母能同时拥有三种资源的情况不是很多，但是能够拥有其中一到两种资源的情况还是比较多的，这样的资源条件为大学毕业生顺利地社会流动、甚至是向上流动提供了有力支持。但是，现实生活中还有很多人并未拥有这三种资源中的任何一种，他们的子女大学毕业后社会流动的难度就会比较大。

总之，家庭对一个人的影响是多方面的、潜移默化的，这些影响因素交织在一起共同影响一个人的综合素质，而这些综合素质就影响了个人的社会流动能力和水平。

(五) 社会关系因素

早在1973年，美国的社会学家格兰诺维特发表了《弱连接的优势》一文，文中阐述了强关系、弱关系在人与人之间、人与社会之间、社会与社会之间发挥着不同的功能和作用。强关系维系着群体、组织内部较为紧密的关系；弱关系在群体和组织间建立了纽带联系，充当信息桥的作用，它比强关系更能跨越其社会界限去获得信息和其他资源。他在其著作《找工作》中说道:"在劳动力市场中,信息是通过求职者的人际网络面传播的,并且往往是作为某种社会过程的副产品而出现的。"后来,林南在弱连接理论的基础上,又提出了弱关系中不同地位的人的权力、财富和声望等资源可以通过弱关系连接起来,从而获得求职需要的资源,实现个人的社会流动。

社会关系网络对于大学毕业生来说,主要指的是其父母所掌握的人力、物力和信息资源、各种社会关系和人际关系交织在一起所形成的一种场域。如果其父母拥有较高的社会地位,也就意味着掌握更多的权力、经济、文化资源,拥有更加广泛的社会关系,收集到更多的就业信息,甚至可以直接通过自己的关系网络和手中的权力帮助子女成功就业。这种带有世袭性质的现象在当前的我国社会中屡见不鲜,但是这种现象的出现却是不合理的,是值得警醒的。

现代社会不同于传统社会的一个特点就是通过建立管理体制,通过公平公正的民主选举和职位晋升,使有能力的人向上流动,实现人才的自由流动。但是社会关系影响因素的存在,恰恰证明了社会的现代化建设仍然任重道远,需要继续为建设一个公平合理的社会流动环境而努力,使大学毕业生能够依靠个人自致性因素而实现社会流动。

(六)性别因素

性别作为先赋性因素,对高校毕业生社会流动的影响是社会学研究比较关心的问题。男生和女生在社会流动中表现出一定的差异。

在我国高校毕业生社会流动中,性别歧视现象不容忽视,女大学生面临更大的就业压力。在招聘的过程中,经常会见到"限招男生""女生免谈""男士优先""同等条件下男性优先"等字眼,有的招聘过程中虽然没有明确提到性别因素,但是女生仍然会面临这样那样的"性别歧视"。2020年习近平同志在联合国大会纪念北京世界妇女大会25周年高级别会议上通过视频发表的重要讲话中指出,男女平等是中国的基本国策,保障妇女权益必须上升为国家意志。但是当前职业性别歧视现象仍然存在,建设一个女性免于被歧视的世界还有很长的路要走,因此,对于女大学生而言,社会流动特别是向上的社会流动仍然非常艰难。

从不同的就业地区来看,具有明显的性别差异。岳昌君的《全国高校毕业生就业调查报告(2019)》中的数据显示,在东部地区就业的毕业生中,女性大学生占55.6%,男性大学生占57.7%;在中部地区就业的毕业生中,女性大学生占15.8%,男性大学生占19.3%,中东部地区女性的就业率略低于男性。而在西部地区,女生以28.6%的比率远远高于男生23%的比率。从不同性别的毕业生的就业分布情况来看,在省会城市就业的男性和女性大学生分别占56.6%和55.6%,在地级市就业的男性和女性大学生分别占25.1%和24.6%,在县级市就业的男性和女性大学生分别占13%和15.4%,在乡镇就业的男性大学生占3.3%,女性大学生占3.2%,而在农村就业的男性和女性大学生分别占2%和1.3%,可见男性毕业生在省会城市、地级市、乡镇和农村的就业比率会高于女性毕业生,而女性毕业生在县级市的就业比率会略高于男性毕业生,总体而言,男性毕业生的流动城市优于女性毕业生。

从国际国内升学角度看,性别占比具有一定的差异。岳昌君同样也在《全国高校毕业生就业调查报告(2019)》中进行了研究,相关数据显示国内升学毕业生的男女比例较为均衡,具体来说,男生占比49.5%,女生占比50.5%,男性和女性较为均衡,差距不大。从出国、出境角度来看,高校毕业生中的男性占比53.8%,女性占比46.2%,男性多于女性。

当前,由于与高校毕业生社会流动相关的各项规章制度和法律法规还不是很到位,先赋性因素对大学毕业生的社会流动还存在较大作用,自致性因素还没有得到充分发挥,在其社会流动中难免会出现一些不公平、不公正的现象。性别、家庭出身、社会关系以及户籍、社会保障等方面相关的制度和法规在很大程度上制约着一部分人群的发展的同时,又为另一部分人群的发展带来了便利。这种反差使不同的大学毕业生在社会流动中面对机会不均等的事实,影响大学毕业生求职的难易程度和职位的质量。在当前环境下,要对各种先赋性影响因素进行改进和优化,尽量把其负面影响控制在最小范围内,积极为大学毕业生的社会流动创造一个良好的社会条件,实现人才优化配置。

二 自致性因素

在现代社会中,受教育者可以通过高等教育来实现自己的社会流动。教育使得自致性的文化知识和技术能力对个人社会地位的塑造具有重要作用,打破了传统社会中先赋性的社会地位获得的藩篱。教育可以将社会职业、财富、权力、文化和地位等按照社会成员具有的不同教育程度进行重新分配,使原来的阶级或阶层得到补充和延续,同时也形成新的阶级或阶层,这就是所说的教育成层[①]。教育成为社会流动、特别是向上流动的主要途径。本节主要探讨通过教育得到的学历、知识技能、相应的情商对大学毕业生社会流动的影响。

(一) 学历因素

教育是促进社会公平的重要手段,世界上几乎所有的国家都利用教育对社会成员进行筛选。教育通过制度化的规定,按照不同学段、专业类型、学历层次、技术水平等标准,通过考试把学生分流到不同类型的学校中,培养不同层次、不同规格的人才,来满足社会上不同岗位的需求,这也就是我们所说的教育成层。

教育成层机制的直接后果就是把学校分门别类,导致受教育者的学历存在高低差别,赋予了受教育者不同的教育身份。当前,我国的学历层次分为专科、本科、硕士研究生、博士研究生,不同学历的大学毕业生的社会流动的难易程度是不同的。在大学生就业中,专科生处在社会竞争的最底层,本科生也已经很难满足当前社会发展对于学历的需求,硕士和博士研究生则

---

① 纪河,王铁军.学校教育社会学[M].南京:河海大学出版社,2003:67.

是越来越抢手,特别是一些高校科研单位、机关事业单位等基本上已经以接收研究生为主,甚至一些中小型企业都开始希望多招聘一些研究生。一般而言,本专科生的社会流动难于硕士和博士研究生。

表5-1是岳昌君等著的《全国高校毕业生就业调查报告(2019)》中的数据,从调查结果可以看出,学历越高,留在大城市的机会就越多,硕士和博士研究生在省会城市和地级城市就业的比率明显高于本专科生,这意味着学历水平对于流动城市有重要的影响作用。

表5-1 已确定就业单位毕业生分学历层次的就业城市分布 单位:%

学历层次	省会城市	地级城市	县级城市	乡镇	农村	总计
专科	46.6	22.8	22.2	5.7	2.7	100
本科	54.9	27.1	13.5	2.9	1.6	100
硕士	70.7	23.9	4.7	1.5	0.2	100
博士	91.1	7.6	1.3	0	0	100

数据来源:《全国高校毕业生就业调查报告(2019)》

以上我们分析的是不同的学历对高校毕业生社会流动的影响,那么如果在相同的学历层次条件下,不同学校层次对大学毕业生的社会流动又会有什么样的作用?这是接下来将要分析的问题。

高校建设层次水平的差异造成了高校毕业生社会流动的不同。根据2020年6月的一项数据统计,全国高等学校共计3 005所,其中普通高等学校2 740所[含本科院校1 272所,高职(专科)院校1 468所],成人高等学校265所。其中公办本科大学有817所,985工程的高校39所,211工程的高校100所。2015年,国务院印发了《统筹推进世界一流大学和一流学科的建设总体方案》,提出了建设双一流大学,即建成一批世界一流大学和一流学科。高校建设水平的差异,导致大学生也被贴上了相应的标签。由于扩招之后大学毕业生数量猛增,社会上能够提供的职位有限,造成企业对大学生的招聘条件越来越高,有的企业甚至直接写明招聘211、985或双一流的高校毕业生,对于普通的高校毕业生,特别是地方院校的大学毕业生而言,就业压力比较大,甚至是受到歧视。2021年的就业蓝皮书将本科院校类型分为"双一流"院校、地方本科院校,毕业去向共分为受雇工作、自主创业、入伍、国内外读研、待就业、自由职业,结合研究项目,选取了前5类毕业去向,通过数据显示可以看出,地方本科院校的受雇工作逐年降低,而待就业比率逐年升高。"双一流"院校受雇工作比率虽然逐渐降低,但是国内外读研比率逐渐提高;而"双一流"院校毕业生虽然近三年的待就业比率有所波动,但是仍远低于地方本科院校毕业生的待就业比率[①]。

表5-2 不同类型院校毕业生就业去向分布　　单位:%

毕业生就业去向	2020届		2019届		2018届	
	"双一流"院校	地方本科院校	"双一流"院校	地方本科院校	"双一流"院校	地方本科院校
受雇工作	53.9	70.4	57.3	74.8	58.9	76.7
自主创业	0.8	1.4	0.9	1.7	1.0	1.9
入伍	0.4	0.3	0.4	0.2	0.6	0.2
国内外读研	35.6	14.5	34.8	13.9	34.0	13.3
待就业	2.7	5.7	2.2	4.8	2.6	4.5

数据来源:麦可思研究院《就业蓝皮书:2021年中国本科生就业报告》

在大众化教育时代,这种重学历、唯学历的做法直接影响了高校毕业生的职业准入、职业获得和职业流动。大学毕业生要想顺利实现社会流动,必须具备相应的高质量的学历,否则社会流动就会比较困难,纵向的向上流动更是艰难。

---

① 麦可思研究院. 就业蓝皮书:2021年中国本科生就业报告[M].北京:社会科学文献出版社,2022:13.

（二）知识和技能因素

用人单位对毕业生要求高层次学历、名校学历的同时，对大学毕业生知识技能的要求也在提高。用人单位在招聘人才时，要求大学生不仅具有扎实的专业知识基础，还要具有良好的科学思维能力；不仅具有足够的科学精神，还要具有良好的人文素养；不仅具有一定的研究能力，还要具有较强的实践能力等。与此同时，还要求大学生具备良好的思想道德素质、健康的身心素养以及时代发展要求的创新精神、创新能力等。在研究高校毕业生个人的能力素养对于其就业能力、流动能力的影响时，考虑到的影响因素比较多，主要有担任学生干部情况、获取证书情况等。

学生干部身份对于高校毕业生的社会流动具有明显的促进作用。从横向来看，高校毕业生的流动区域在东部、中部、西部三大地区具有明显差别。岳昌君等人的调查数据显示，从不同的地区来看，在东部地区就业的高校毕业生曾担任学生干部的比例最高，达57.2%；其次是中部地区，比例为55.3%；最低的是西部地区，占比为49.4%[①]。从不同的职业类型来看，高校毕业生曾担任学生干部的在国家机关、党群组织、事业单位管理人员中的比例最高，达64.8%；在企业管理人员中的比例为61.7%；在办事人员和有关人员中的比例为56.1%；在专业技术人员中的比例为53.1%；在商业和服务业人员中的比例为52.4%；在农林牧渔水利生产人员中的比例为52%；在生产、运输设备操作人员及有关人员中的比例为40%；其他职业类型中的比例为55%[②]。

高校毕业生的知识和技能水平也影响着自身的社会流动。在本项研究中，高校毕业生的知识和技能水平主要通过等级证书的获得情况来表现。岳昌君等人将获取证书等级情况作为多选题来统计，结果显示，在不同地区

---

① 岳昌君，等.全国高校毕业生就业调查报告（2019）[M].北京：北京大学出版社，2020：209-211.
② 岳昌君，等.全国高校毕业生就业调查报告（2019）[M].北京：北京大学出版社，2020：236.

就业的毕业生,获得外语类证书的,在东部地区就业的高校毕业生占比最高(60.2%),其次是中部地区(55.9%),最后是西部地区(48.3%);获得计算机类证书的,从高到低排列依次是东部地区(50.8%)、中部地区(47.6%)、西部地区(41.9%);获得职业类证书的,在西部地区就业的高校毕业生占比最高(44.8%),其次是东部地区(36.8%),最后是中部地区(33.2%)。可见,在不同地区就业的毕业生获得计算机类证书的情况和获得外语类证书的情况类似,都是东部最高,中部次之,西部最低;而职业类证书的获得情况却有不同的变化,即西部最高,其次是东部,最后是中部地区。

将不同职业类型结合证书获得情况进行进一步分析之后,得出如下数据:高校毕业生获得外语类证书的,在国家机关、党群组织、事业单位管理人员中的占比最高(66.6%),其次是企业管理人员(54.5%)、专业技术人员(54.1%)、办事人员和有关人员(52.6%)、商业和服务业人员(53%)、其他(54.6%),占比较低的是农林牧渔水利生产人员(27%)、生产运输设备操作人员及有关人员(34%)。可见,英语类证书的获得情况在不同行业的分布差异比较明显。

高校毕业生获得计算机类证书的,在国家机关、党群组织、事业单位管理人员中的占比最高(56.3%),其次是企业管理人员(51.3%)、专业技术人员(47.2%)、办事人员和有关人员(48.4%)、商业和服务业人员(41.5%)、生产运输设备操作人员及有关人员(40.2%),占比最低的是农林牧渔水利生产人员(39.3%)。计算机类证书的获得情况,在不同行业的分布差距不是很大,占比波动明显低于英语类证书的获得情况。

高校毕业生获得职业类证书的,在企业管理人员中占比最高(45.1%),其次是商业和服务业人员(42.7%)、农林牧渔水利生产人员(41.6%)、生产运输设备操作人员及有关人员(40.2%),占比较低的是办事人员和有关人员(38.3%)、国家机关、党群组织、事业单位管理人员(37.1%)以及专业技术人员(35%)。职业类证书在不同职业类型中的分布规律不同于前面的英语类证书和计算机类证书的分布规律,有自身独特之处。

从上述调研结果来看,职业技能证书在高校毕业生社会流动中具有比较重要的作用,需要高度重视。我国的高等教育长期以来一直偏向重视知识的传授,创新能力不足,社会适应性不强,大学毕业生的综合知识素养和能力结构与社会发展要求之间存在着一定的差距,制约了大学毕业生的社会流动。

(三) 相应的情商

情商(Emotional Quotient,简称 EQ)是一种发掘情感潜能、运用情感能力影响生活各个层面和人生未来的关键品质因素。1990 年美国耶鲁大学教授彼得·萨洛维和新罕布什尔大学教授约翰·梅耶正式提出"情绪智力"。1995 年美国丹尼尔·戈尔曼在《情感智商》一书中指出,情商包含五种能力:把握与控制自己情绪的能力;了解、疏导与驾驭别人情绪的能力;乐观人生、自我激励与自我管理的能力;面对逆境与挫折的承受能力;人际关系的处理能力以及通过情绪的自我调节不断提高生存质量的能力[1]。

情商在很大程度上决定一个人知识的掌握、能力的培养,决定个体的发展和学习的能力。丹尼尔·戈尔曼甚至认为,真正决定一个人能否成功的关键,是情商能力而不是智商能力;人在一生中能否成功、快乐,主要取决于其情商的高低[2]。卡耐基工业大学的一项调查显示:事业成功 85% 取决于良好的人际关系。日本学者铃木健二在对工作调动者的动机进行调查时发现:95% 是因为人际关系问题而调往其他工作岗位,只有 5% 是因为薪水的问题[3]。

情商的高低主要取决于后天的培养和锻炼,是极具可塑性和开发性的。但是我国学校教育历来重视知识传授和智力开发,注重培养学生智力,忽视对其潜在的价值、情感和人格等情商因素的挖掘与培养,从而造成了一系列问题,如高分低能、人格缺陷、心理问题、缺乏责任感与合作精神、缺乏恒心

---

[1] 戈尔曼.情感智商[M].耿文秀,查波,译.上海:上海科学技术出版社,1997:37-138.
[2] 戈尔曼.情感智商[M].耿文秀,查波,译.上海:上海科学技术出版社,1997:16-48.
[3] 《迈向 21 世纪的高校心理健康教育》编委会.迈向 21 世纪的高校心理健康教育:第六届全国大学生心理咨询学术会议优秀论文集[M].南京:江苏人民出版社,1999:481.

和毅力以及学生的厌学情绪等①,并由此致使我国大学生存在认知情绪和管理情绪的能力较弱、抗挫折能力差、人际交往存在障碍等问题,这对于大学生的全面发展及其今后的社会流动都具有不利影响。

  通过对影响大学毕业生社会流动的因素的研究可以发现,先赋性因素影响着大学毕业生社会流动机会的获得、社会地位的改变,而个人的自致性因素是其社会流动、特别是向上流动的基础性动因,先赋性因素和自致性因素交织在一起,共同影响着大学毕业生的社会流动。在积极构建大学毕业生自由流动的良好环境时,要全面考虑先赋性因素和自致性因素的双重影响,综合运用各项举措。

---

① 周洛平.在教学中如何进行情商(EQ)教育[J].教育与职业,2003(24):27-28.

第六章
高校毕业生社会流动困境的解决路径

现代社会理想的社会流动机制,应该是社会阶层结构开放的社会,不同社会阶层的成员能够通过自致性因素和先赋性因素的综合作用实现社会流动,即不同社会分层的成员既可以实现自由的横向社会流动,也能实现上向和下向的社会流动,整个社会的流动机制是畅通的。科学合理的社会流动是社会健康发展的必要条件,更是社会实现良性运行的重要协调机制,能够加强社会的整合程度,优化人才资源配置,激发个体积极向上、开拓进取的精神,给社会有机体注入源源不断的活力。

但是,由于我国当前政治、经济、文化等方面发展水平的限制,高校毕业生自由畅通的社会流动机制还没有完全建立,面临诸多问题。经验事实和实证研究告诉我们,高校毕业生群体的数量在相当一段时间里呈扩大趋势,而社会所能满足的高校毕业生的向上流动机会毕竟有限,有相当一部分高校毕业生的向上流动受阻,并且还呈现出一定的代际传承的显著特点。如果这些具有较高学历水平的知识分子没有得到合理流动,就会产生不平衡心理,有的毕业生甚至会产生"受害者心态",不满情绪强烈,这就隐藏着较大的道德风险,如道德冷漠、道德认知偏差等,也会带来诸如社会越轨行为、群体事件、反社会倾向等社会风险。如果我们忽视高校毕业生这一群体的利益诉求,不能满足其顺利就业、实现向上流动的愿望,将会导致严重的社会问题,也不利于人才资源的优化配置。因此,高校毕业生社会流动中存在的问题亟须解决,可以从国家、企业、高校、个人四个层面进行分析,建立"四位一体"的立体化解决路径,构建良性机制和有效对策来解决高校毕业生的就业困境和社会流动难题。

一 政府层面

党的二十大报告提出,强化就业优先政策,健全就业促进机制,促进高质量充分就业。与十九大报告提出的"坚持"就业优先相比,一词之变彰显出党和政府稳就业的决心之大、力度之强。高校毕业生就业问题是社会普遍关心的问题,政府也把就业作为一项重要的工作来抓,特别是在新时代背景下,积极推进各项就业措施,出台就业政策法规,围绕创造流动机会、畅通流动渠道、扩展发展空间、兜牢社会底线作出顶层设计和制度安排,解决高校毕业生的就业难问题。

(一) 充分发挥政策的导向作用,筑牢流动基础

从目前我国的实际情况看,大学生就业问题的解决有赖于政策措施的合理有效使用。

1. 加快产业结构调整,提供更多的就业岗位

首先,积极调整产业政策,优先发展服务业;打破行业壁垒,尽快建立起相关的政策法规和体制机制,建立和完善服务业发展的外部环境,促进服务业的发展;提升服务业的创造性、创新性和对制造业升级的推动作用。其次,对于我国制造业的转型升级,应本着增强自身创新能力、打造核心价值体系为转型的出发点,摆脱原有在产业链中的低端地位,力争掌控强势的话语权,并善于利用生产性服务业在改善价值链结构、促进产业链延伸、提升制造业层次、增强制造业竞争力方面的作用,尽快实现我国由制造业大国向制造业强国的跨越[①]。

---

① 余东华,范思远.生产性服务业发展、制造业升级与就业结构优化:"民工荒与大学生就业难"的解释与出路[J].财经科学,2011(2):61-68.

2. 积极开发基层就业项目,鼓励大学生到基层去就业

一方面,随着我国经济社会的快速发展,我国基层特别是西部地区还存在人才匮乏的情况,在一些艰苦行业、艰苦地区也蕴藏着较大的就业空间。另一方面,在基层,大学生可以把所学到的知识应用到实践中去,在实践中检验、发展自己的知识,提高、升华认识。由此可见,高校毕业生在基层有广阔的施展空间和发展空间。因此,可以积极宣讲国家和地方的就业创业政策,比如国家基层项目、创业帮扶政策等,持续引导毕业生到中小微企业、城乡基层就业。

3. 优化基层项目,畅通人才流动渠道

聚焦基层一线人员和技术技能人才的发展,深挖基层岗位,畅通基层流动机制,要为到基层、到中西部等偏远地区工作的高校毕业生提供良好的工资待遇、全面的保障措施、向上流动的机制,免除高校毕业生到基层工作的各种顾虑,提高他们到基层、到中西部等偏远地区工作的积极热情。通过一系列的措施来拓宽基层的流动空间,拓宽技术技能人才的上升通道,免除基层人才流动的后顾之忧。

(二)建立良好的社会流动机制,激发流动活力

党的二十大报告明确提出实施就业优先战略,强化就业优先政策,健全就业促进机制,促进高质量充分就业。当前高校毕业生的就业难问题,以及社会上出现的"蚁族""富二代""穷二代"等报道,其问题的实质是高校毕业生社会流动的受阻,在很大程度上是制度问题,需要建立公正、合理、开放的社会流动机制。

1. 构建顺畅的社会流动机制

社会流动可以分为纵向和横向的社会流动,本项研究所说的社会流动包括横向流动的畅通性,更包括纵向流动,尤其是高校毕业生向上流动的畅

通性,需要营造一个自致而公平的向上流动环境。

首先,要积极建立后致性规则占主导的社会流动机制,限制先赋性规则消极作用的发挥。要调动劳动者投资于人力资本的积极性,让更多的人相信,通过个人努力就一定能改变人生。习近平同志多次强调"打铁还需自身硬""奋斗是青春最亮丽的底色""新时代中国青年要勇于砥砺奋斗""始终保持艰苦奋斗的前进姿态,同亿万人民一道,在实现中华民族伟大复兴中国梦的新长征路上奋勇搏击"等,时刻不忘鼓励青年大学生要矢志艰苦奋斗、坚持不懈奋斗、一代代接续奋斗,书写无愧于时代的青春之歌和精彩人生。通过对大学生不断奋斗的激励,也可以看出党和政府都在致力于激发自致性因素在社会流动中的积极作用,实现人尽其才,为突破"中等收入陷阱"、建立橄榄型的社会结构、实现民族复兴和国家富强而不断努力。

其次,构筑合理的社会流动阶梯,建立一个向上流动的机制。创建顺畅的社会流动平台,建立配套的流动机制,打通各个阶层通道,破除阶层固化。特别是针对一些基层项目,在保证毕业生到基层就业"下得去、留得住、干得好、流得动"的同时,也要让毕业生相信不论在什么岗位上,通过自己的奋斗和努力就一定会实现自己的理想和人生价值。通过构筑合理的流动阶梯,为毕业生走向基层的同时也能获得向上流动的制度保证,使其未来的人生有无限的发展可能。首先,改变信息不对称的现状,建立统一的信息发布平台,促进信息公平,继续组织大中城市联合招聘、百日千万网络招聘等服务活动,启动百万就业见习岗位募集计划,实施针对性就业服务,将岗位信息、指导培训、创业扶持、就业见习等服务持续送到高校毕业生身边。其次,保证信息畅通性,提供多样化的信息交流平台,积极推进现场招聘(招聘会)、网络招聘、就业信息发布平台的建设,加强信息沟通。最后,关注重点人群,高校毕业生社会流动受阻主要发生在来自较低阶层(即产业工人,农民,城乡无业、失业、半失业者)的高校毕业生这一群体上,因此,国家要为这一群体提供丰富的就业信息,在政策上给予倾斜,提供更多的流动机会。

2. 提供良好的社会公平机制

促进人才顺畅有序流动是激发人才创新创业创造活力的重要保障,而顺畅有序的社会流动需要有一个公平的流动机制作保障。社会公平内在包含了大学毕业生社会流动机会公平问题，面对高校毕业生在社会流动中存在的各种各样的问题，建立公平的流动机制尤为重要。

(1) 积极促进教育公平，促进高等教育质量水平整体提升

实现大学毕业生社会流动机会平等，必须加强教育公平建设。"教育公平作为教育民主化的原则之一成为衡量一个国家教育发展水平的重要标志"[①]。教育公平是一定社会给予全体社会成员自由、平等地选择和分享当时、当地各层次公共教育资源的一种教育发展状态，它包括发展的质与量两大方面，"质"指一个国家中一定阶段的人均教育程度，"量"指各级教育的普及面。

一是在政策规划层面，把教育公平作为教育决策的重要理念和依据之一，修正与调整那些与教育公平相悖的现行政策，并推动教育决策由对教育公平的被动适应到主动思考。国家从政策法规上要有计划、有步骤地向地方院校倾斜，修正、调整与教育公平相悖的政策，补充调整教育法律法规中有关教育公平的条款，提升地方院校的办学水平和育人水平。

二是在实际操作层面，教育资源应该适度向地方院校倾斜，为地方院校提供充足的人力资源和实验器材资源等，提升地方院校的教育教学质量。

三是补足教育短板，尤其要加大农村、中西部地区、边远地区的教育支持力度，加大投资，改善当地的教育设施、提高教师的自身素质，加强宣传，进一步提升高校的整体实力。

(2) 促进就业公平，促使高校毕业生享有公平的就业待遇

消除就业歧视，使毕业生享有公平的就业机会，营造公平的就业环境，是就业公平的应有之意，也是建立公正、合理、开放的社会流动机制的内在要求。目前社会上的就业歧视主要包括年龄歧视、学历歧视、性别歧视等，一些不合理的招聘要求成为很多高校毕业生就业路上的"拦路虎"。党的十

---

① 盛连喜. 新世纪教育理念："尊重的教育"笔谈[J]. 东北师大学报(哲学社会科学版), 2001(5):3-22.

九大报告中提出了"破除妨碍劳动力、人才社会性流动的体制机制弊端,使人人都有通过辛勤劳动实现自身发展的机会",党的二十大报告中又增加了"消除影响平等就业的不合理限制和就业歧视"。因此,要取消高校毕业生就业的性别歧视、年龄歧视、户籍歧视,加大违法违规行为的惩处力度,营造公平公正的就业市场环境;规范用人招人制度,转变社会上企业和单位对毕业学校层次的偏见,"凡进必考",公平竞争,做到信息公开、过程公开、结果公开,建立公平公开、任人唯贤的就业环境;创新劳动关系协调机制,全面推行劳动合同制度,推动建立职工工资正常增长机制和劳动条件改善机制,落实劳动标准体系,健全工资支付保障制度,保障劳动者权益,畅通诉求表达机制;建立线上线下相结合的就业创业培训系统,建立培训平台,整合社会师资力量,明确培训内容,面向高校毕业生展开培训,使更多的高校毕业生及时了解当前职业、行业最新情况,掌握就业创业技能,为将来走向社会打好基础。

(3) 建立统一的劳动力就业市场,打破地方割据

实现大学毕业生社会流动机会平等,必须消除户籍制度壁垒,打破地方割据,统筹城乡、区域劳动力市场发展,建立统一的劳动力就业市场。具体措施如下:充分利用互联网,构筑全国统一的大学生就业信息市场,为大学毕业生提供平等获取信息的机会;利用校园招聘和社会招聘平台,构筑全国统一的毕业生就业人力市场,在全国范围内实现资源的优化配置;规制大学生就业市场,完善相关制度和条例,为大学毕业生提供平等的流动规则,使大学毕业生的就业工作做到有据可依、有章可循、落到实处,保障毕业生所应享有的知情权、公平录用权,毕业生和用人单位的协议受到法律保护,为人才的合理流动提供制度保障。

3. 改革和完善社会流动相关法律法规

(1) 加快户籍制度改革

受城乡二元制度的影响,我国劳动力市场也被分割成两个,特别是在北

京、上海等一些大城市,对外地户籍的接纳程度更低。各个行政区域都存在地方保护主义,各个地方劳动力市场之间的藩篱还没有完全打破,在一定程度上对人才流动起到阻碍作用,限制了高校毕业生的流动。对于现行的户籍制度要进一步改革,更新人才观念,进一步完善开放、灵活的人才流动管理制度;把转变政府职能和完善管理机制作为户籍制度改革的重要环节,进一步简化行政审批程序,不断改进户籍管理的方式、方法;户籍制度改革应结合各地实际,因地制宜,制定不同的户籍制度改革政策。

(2) 完善人才流动宏观调控机制

无规矩不成方圆,高校毕业生的科学合理的社会流动离不开配套法律法规的保驾护航,要按照机制健全、运行规范、服务周到、指导监督有力的人才市场体系的要求,强化人才流动法律法规与教育、科技、文化等立法的衔接,加强人才市场监管,及时依法依规查处人才流动过程中的违法违规行为,建立健全有利于人才合理流动的法律法规,切实保障高校毕业生的合法权益。促进跨区域人才流动开发合作,推进人才开发一体化建设,取消阻碍流动的因素,比如户籍、性别、年龄等,统筹区域经济社会发展和人才资源有效配置,发挥人才资源优势。

(3) 完善兜底保障制度

强化兜底保障,阻断贫穷代际传递,是防止社会性流动弱化的底线,也是政府各类保障政策的重要发力点。兜底保障措施需要从以下几个方面进行突破。

其一,增强失业保险制度中预防失业、促进就业功能。失业保险是我国社会保障体系的重要内容,也是就业体系的重要支持。如果高校毕业生在毕业之后不能及时找到工作,可以享受失业保险待遇。目前失业保险的主要功能还体现在保障失业人员的基本生活上,预防失业和促进就业方面的功能缺失,对此,我国东部一些省份开始进行改革试点,把大学生纳入失业保障体系范围内。面对新冠肺炎疫情带来的影响,为进一步发挥失业保险基金预防失业、促进就业的作用,国家继续鼓励北京市、上海市、江苏省、浙

第六章 高校毕业生社会流动困境的解决路径

江省、福建省、山东省、广东省开展改革试点,延长东部7省(市)扩大失业保险基金支出范围试点政策,在为大学生提供一定的经济保障的同时,还可以为高校毕业生提供免费职业培训和职业介绍服务,积极发挥失业保险的就业促进功能。

其二,提供最低生活保障,完善相应的医疗保险。借助新医改方案的东风,大学生被纳入了医保范围,政府为大学生提供部分参保费用补贴,特别是对于一些特殊群体,比如城乡低保对象、特困人员、孤儿(含事实无人抚养儿童)和重度残疾人员、建档立卡贫困人口、城乡低保边缘对象参保的个人缴费部分,按规定给予相应补助,这是国家专门针对高校大学生的一项政策性的社会保障福利,旨在提高在校大学生医疗保障水平,减轻学生家庭负担。大学生在毕业之后,如果是单位就业,可随用人单位参加城镇职工医保;如果是继续深造,可继续在高校参加大学生医保;如果是未就业或是自主创业,可以选择以灵活就业人员的身份参加职工医保,也可选择参加城乡居民医保。此外,在加大对大学生参保费用补贴的同时,还需要增强大学生的参保意识,提高参保的积极性。由于大学生医保建立在自愿参保的基础上,有部分学生的参保意识薄弱,存在侥幸心理,参保积极性不足,以至于后期遇到问题需要报销的时候,只能自己承担全部费用。

其三,兜底重点群体就业保障。二十大报告提出,完善重点群体就业支持体系,加强困难群体就业兜底帮扶。高校毕业生中存在社会流动困难的群体,主要集中在家庭经济困难的一部分人中。这一群体缺乏社会流动所需要的经济条件、社会关系网络条件,所以成为兜底保障中特别需要关注的群体。对于这一特殊的高校毕业生群体提供特殊对待:为贫困高校毕业生提供一定的求职补贴,减少经济条件对社会流动的制约;依托重点群体信息库和行业用工数据库,积极充分利用社会资源、学校资源,召开定向的招聘会,提供足够的就业岗位、见习岗位供重点人群选择,提供"一对一就业帮扶"政策,对重点人群进行重点帮扶,全力保障重点群体就业,解决社会资源对这类人群社会流动的制约;把有身体缺陷的高校毕业生纳入残疾人保障的范围内,鼓励用人单位招收残疾人,建立就业援助制度,进行"一对一"职业指导,提供就业机会。

(三)持续做好就业服务工作,畅通流动渠道

党的十八大以来,以习近平同志为核心的党中央高度重视公共服务体系建设。公共就业服务体系是我国基本公共服务体系的重要组成部分。公共就业服务指的是政府组织建立的以促进就业为目的的公共制度。在我国,公共就业服务具体是指由各级劳动保障部门提供的公益就业服务,包括职业指导、职业介绍、就业培训、社区就业岗位开发和其他服务等。健全的公共就业服务体系,在助力高校毕业生顺利实现高质量充分就业、促进高校毕业生社会流动方面发挥着举足轻重的作用。

1. 推进公共就业服务均等化

公共就业服务是由各级劳动保障部门提供的公益性就业服务,包括职业介绍、职业指导、就业培训、社区就业岗位开发服务以及其他服务内容。公共就业服务是国家调节和干预高校毕业生社会流动的重要手段,良好的服务举措有利于改善就业市场状况、降低就业难带来的消极影响、促进用人单位和高校毕业生有效对接,实现更加充分、更高质量就业。特别是在当前新冠肺炎疫情影响之下,经济恢复发展压力比较大,加上城乡之间、不同区域之间经济社会发展差异也比较大,高校毕业生高质量充分就业形势依然严峻,在这样的情况下,求职者不仅对公共就业服务需求增加,而且对均等化的公共就业服务需求更加强烈。公共就业服务的均等化,内在包含了努力实现不同地区、不同行业以及城乡之间的高校毕业生能够享受同等质量和水平的就业服务。而上述公共就业服务均等化目标的实现,前提是公共就业服务的标准化,即对提供的公共就业服务的内容、形式、实现渠道等进行统一规范,统筹资源调配,在促使不同地区、不同学校、不同专业的高校毕业生尽可能享受到大致相当的就业服务的同时,也加大对零就业家庭、残疾群体的高校毕业生进行适当倾斜,确保能够惠及更多人群。

2. 构建公共就业服务体系化

公共就业服务是一个系统工程,不是某一个部门单独就能完成的,需要国家相关部门、社会相关主体的积极参与,全面统筹,多主体参与,全方位服务。从 20 世纪 80 年代以来,我国的公共就业服务体系已经基本建立。积极构建政府主导、社会参与的多元化就业服务体系,是当前做好就业工作的重要保障。国家要统筹教育、工商、人社、国税等多个部门构建高校毕业生公共服务体系,突出以政府所属人力资源市场为代表的公益性服务市场在公共就业服务中的主体地位,完善政府各个部门的公共就业服务的职责和功能,同时纳入各类提供公共就业服务和准公共就业服务的社会组织和机构,积极发挥经营性人力资源市场为高校毕业生就业服务的作用,鼓励非营利组织参与公共就业服务,构建多元化、多层次的公共就业服务市场体系。明确公共就业服务流程和标准,简化优化服务流程,统筹城乡、统筹区域,进行公共就业服务标准化建设,建立一个良好的就业环境,使更多的高校毕业生都能享有公平流畅的社会流动环境。

3. 促进就业服务信息化

随着数字化、网络化、智能化技术的深入推进,互联网技术广泛应用到媒体、电子商务、金融、教育、社交等领域,因此,在信息化时代要努力运用信息化手段全面推进"互联网＋公共就业服务",让信息化和智能化成为实现更加充分就业、高质量就业的重要支撑。一是积极提升就业服务水平。就业信息的畅通性、丰富性、及时性,成为高校毕业生就业的基本前提和可靠保障,可以通过建立政府和高校就业服务信息化品牌,搭建高校毕业生就业网络平台,建立高校毕业生信息库,实时掌握毕业生就业实况、就业动向,识别就业困难学生,提供优质、快捷、精准的线上就业服务,将线上就业培训与线下就业培训有效对接,提高职业岗位供给的精准度、有效度。二是实现就业管理服务的全程信息化。全面推进"互联网＋"就业创业服务,针对高校毕业生在就业过程中面临的入职、社保、工作变动等情况,简化优化就业流程，做到"一窗式"受理、"一站式"办结、"一条龙"服务。特别是比较容易忽视的高校毕业生团组织关系转接、档案转接等方面，存在团组织关系不接收或接收不及时、个人档案丢失等问题，要加大力度，重点治理，为高校毕业生就业提供更加高效优质的综合管理服务。

（四）建立良好的就业创业环境，增强流动动力

我国经济正处于增速换挡、结构调整、动能转换的关键阶段，传统企业在转型发展的过程中可能会对部分原有岗位产生挤出效应，就业岗位的开发拓展空间降低，而新经济、新动能的兴起，对高校毕业生的需求日趋多元化，导致高校毕业生就业市场总量性矛盾和结构性压力交织存在。因此，在新形势下鼓励支持一部分有条件、有能力的高校毕业生积极投身到创新创业大军之中来，既能使大学生实现自我价值，同时也能充分发挥创新创业带动就业的功能，有效应对日益突出的结构性就业矛盾，有利于更好地拓宽就业渠道，增加岗位供给，带动更多人就业，缓解就业压力。为更好发挥创业在带动就业、稳定就业、提升就业质量方面发挥的重要作用，可从多方面鼓励高校毕业生创业。

1. 积极开展大学生创业教育

邀请创业就业指导专家对大学生进行专题辅导。充分发挥各级人才服务机构、高校毕业生就业创业服务机构的人才服务和创业支持作用，为有创业意向的大学生提供创业咨询，有条件的还可设立创业扶持资金，将创业扶持资金送到具有创业热情、创业能力的大学生手中，帮助大学生创业。为有创新创业需求的高校毕业生提供有针对性的政策咨询，通过互联网、校园宣讲等形式灵活多样地宣传最新的政策和形势，在国家政策和最新态势与创新创业者之间形成信息的直接传递，使其能够掌握一手资料。

2. 营造良好的创新创业氛围

自2014年李克强同志在夏季达沃斯论坛上提出形成"大众创业、万众创

新"新态势后,它就成为政府工作报告、国务院常务会议等重要场合经常提及的关键词,以简政放权的改革为市场主体释放更大空间。在国家政策感召下,社会上迅速兴起创新创业的热潮。从中央到地方,从社会到学校,都在积极培养创新创业的沃土,迅速激发起高校毕业生创新创业的积极主动性。但是大学生创新创业不是一蹴而就的,也面临诸多困难,比如创业经验缺乏,从企业建立、企业运营、品牌塑造等方面都存在缺乏经验的问题,此外还存在融资难、法律与财税知识欠缺、创业能力不足、市场把脉不准等问题,都需要在政策、制度方面给予扶持,以免除创业者的后顾之忧。首先要为创业大学生提供相应的资金支持,解决其创业所需的资金问题;其次要对大学毕业生进行自主创业所需的管理和技术培训,以最快、最便捷的方式解决管理和技术上的问题;最后要为高校毕业生的自主创业提供便捷的申请程序,并且要对创业过程进行定期的审核,及时解决发展中所面临的问题。

3. 搭建更加广阔的舞台

举办大学生创新创业大赛,为创新创业群体施展才华搭建更加广阔的舞台。政府相关部门联合举办创新创业大赛,可以更好发挥"政府+市场"的双重作用,紧盯科技创新的断点,形成创新创业成果交易平台,建设立足经济社会发展的大背景。创新创业大赛的举行,通过竞赛、比赛的形式,可以引起更多人的关注,扩大其在学生中的影响力,开阔大学生视野,为大学生植入创新创业的意识,特别是对获奖的项目团队进行奖励,更能激发大学生的创新创业热情,营造活跃的创新创业环境。大学生思维活跃,创意较多,通过竞赛、比赛的形式,可以充分挖掘其在创新创业方面的巨大潜力。应对符合社会需要、有孵化价值的项目进行重点策划,组织动员各类企业、新型研发机构、创业孵化机构、创业园区、投资基金对接,更加注重成果转化,更加注重市场运作,更加注重成果拓展,促进更多的大学生创新创业项目付诸实践。

二 学校层面

高校作为育人单位,在促进高校毕业生成功实现社会流动中发挥着重要作用。可以说,高等教育是促进高校毕业生向上流动的关键要素,在个体取得职业成就的过程中发挥着重要的作用。高校要提供精准的就业指导和服务,形成动态发展的就业指导服务体系,为实现毕业生的高质量就业提供重要保证。

(一)调整学科结构,优化专业设置,培养时代所需的人才

学校应根据地方和社会实际,紧紧围绕当前国家经济社会发展战略性调整需要,积极调整学科结构、优化专业配置。学校专业设置要紧随时代的要求,缩减社会发展需求少的专业,增设社会发展急需的专业,培养社会所需的专业人才。学校要重点培养以下几类人才。

1. 面向乡村振兴,培养农业科技人才和经营人才

乡村振兴战略是高质量发展的"压舱石"。二十大报告中提出,全面建设社会主义现代化国家,最艰巨最繁重的任务仍然在农村。坚持农业农村优先发展,坚持城乡融合发展,畅通城乡要素流动。加快建设农业强国,扎实推动乡村产业、人才、文化、生态、组织振兴。但是,在长期的城乡二元制结构影响下,农村的各项发展比较滞后,限制了社会的整体发展,对此,国家越来越重视农村各项事业的发展,不断加大财力、物力、人力的投入,探索新型农村合作社模式,绘制乡村振兴新蓝图,通过各级各类基层项目吸引高校毕业生,鼓励高校毕业生积极投身到农村这片广阔的天地中施展自己的才华。所以,学校要适应农业和农村经济结构调整的需求,积极设置与农业相关的专业,优化配置专业课程设置,围绕农业农村的现代化发展来培养所需人才。

2. 面向智能制造4.0,培养大量高技能创新人才

德国学术界和产业界普遍认为,继蒸汽革命、电气革命、信息革命之后,人类将迎来以信息物理系统为基础,以生产高度数字化、网络化、机器自组织为标志的第四次工业革命,又被称为工业4.0。在这样的国际背景下,我国已迈上全面建设社会现代化国家新征程,向第二个百年奋斗目标进军,工信部等8部门于2021年联合印发《"十四五"智能制造发展规划》,提出了我国智能制造"两步走"战略:到2025年,规模以上制造业企业大部分实现数字化网络化,重点行业骨干企业初步应用智能化;到2035年,规模以上制造业企业全面普及数字化网络化,重点行业骨干企业基本实现智能化。这是中国实施制造强国战略第一个十年的行动纲领,即为制造业的发展进行了中期规划,明确了智能制造未来发展的重大趋势和核心内容,也为高校人才培养提供了指导和方向。企业需要的是一支从研发到生产全过程、多层次的高素质创新型人才队伍,他们的知识储备要多样,技术技能要精通,中英文写作和语言表达能力要出色,团队合作能力、创新能力和学习能力要强等。高校要积极抓住这一机遇,首先,要精准定位办学层次和培养目标,本科院校和高职院校与企业行业精准对接,分层次培养学生。高职院校重点培养产业转型升级所需高技术技能人才,本科及以上层次院校重点培养产业发展所需的高层次技术技能人才,主动承担更多的创新使命。其次,校企双方从人才方案制定、课程设置、综合素质全过程培养、实习实训等环节深度参与,将行业所需、企业所需纳入学校人才培养全过程。高校要紧密结合智能制造的新发展趋势,培养紧缺人才,以满足现代化社会建设和发展智能制造产业的需求。

3. 面向服务产业新业态,要培养符合时代需要的人才

一方面,随着我国经济结构调整优化,发展新动能加速壮大,工业化、城镇化水平不断提高,我国服务业就业人员规模快速扩张,就业人员占比稳步攀升,服务业已经发展成为带动经济增长、吸纳就业人员的主要力量。人社

部发布的《2021年度人力资源和社会保障事业发展统计公报》显示,2021年末全国就业人员74 652万人,第一产业就业人员占22.9%,第二产业就业人员占29.1%,第三产业就业人员占48.0%。另一方面,随着新一轮科技革命以及数字经济的蓬勃发展,新产业、新业态、新商业模式日新月异,新经济就业以其就业容量大、薪资水平高、灵活性和兼职性强等特点,成为吸纳就业的重要渠道。在新形势下,不断涌现出大数据工程技术人员、无人机驾驶员、网约配送员、互联网营销师等新职业新岗位。特别是在疫情冲击下,新经济发展提供了大量灵活就业岗位,在拓宽就业渠道、增强就业弹性、增加劳动者收入等方面发挥了积极作用。在这样的情况下,高校在专业设置、人才培养方面要紧跟时代需要,及时调整人才培养方案,引导大学生认识和了解就业发展新态势,培养与时代接轨、满足社会发展需要的高素质素养的大学生。

(二) 培育正确的就业观念,积极开展就业指导和援助

1. 培育正确的就业观念

党中央和地方各级政府接连出台一系列促进就业创业的政策和办法,千方百计为大学生就业护航。但是,有一部分大学生对就业的价值、实质、方法认识不清,面对就业产生了迷茫、焦虑、消极的心态。因此,有必要引导广大学生涵养正确的就业价值观、就业劳动观、就业选择观,为大学生实现高质量充分就业提供坚实的思想基础。

(1) 涵养积极向上的就业价值观

就业价值观是就业选择的价值引领,高校要引领毕业生将个人理想融入时代潮流中,扎根基层,服务人民,报效祖国,为党和人民建功立业。2020年,习近平同志在给中国石油大学(北京)克拉玛依校区毕业生的回信中,肯定了118名同学毕业后到边疆基层工作磨炼的人生选择,鼓励全国广大高校毕业生志存高远、脚踏实地,不畏艰难险阻,勇担时代使命,把个人的理想追

求融入党和国家事业之中,为党、为祖国、为人民多作贡献。高校要积极引导毕业生到基层和脱贫攻坚的一线就业创业,使毕业生坚定为人民服务的价值理念,把个人之小我的价值实现融入国家之大我的发展之中,扎根基层,勇担使命,踔厉奋发,具有"位卑未敢忘忧国""苟利国家生死以,岂因祸福避趋之"的报国情怀和献身精神,在祖国和人民需要的地方经受磨炼,收获成长,真正成就一番事业。

(2) 培育诚实、勤奋、创新的就业劳动观

就业从本质上讲就是从事劳动,劳动是就业的实质。马克思认为,劳动就业实质是劳动者为谋取生活资料而与生产资料的结合。对于青年大学生来说,诚实、勤奋、创新的劳动观念是必须固守的最基本的"道"。一是高校要运用好马克思主义理论中关于劳动创造财富、劳动无差别、劳动最光荣等劳动价值理论武器,为大学生就业创业提供强有力的理论支撑和动力,打下牢固树立诚实、勤奋、创新的就业劳动观的理论基础。二是高校要通过多种方式方法发挥劳动的育人功能,以奋发图强的精神磨砺劳动品格,让学生深刻体会平凡劳动的伟大,强化劳动观念,形成自力更生的意识,反对不劳而获、贪图享乐的错误思想,夯实诚实、勤奋、创新的就业劳动观的现实基础。三是要引导青年学生在认识世界、了解世界的基础上,学会认识自己、塑造自己,积极发挥主观能动性,增强自信力量,淬炼专业技能,向着理想不懈奋斗,打好诚实、勤奋、创新的就业劳动观的个人基础。

(3) 树立积极、理性、务实的就业选择观

就业择业是就业观的外在行为体现,有什么样的就业观,就会有什么样的择业选择。1935年,马克思和他的同学就要中学毕业,在面临着升学和就业问题的时候,他没有考虑选择哪种具体职业,而是把这个问题提高到对社会的认识和对生活的态度的高度进行考虑和回答,并写下了《青年在选择职业时的考虑》一文。他呼吁广大青年,要把"人类的幸福"与"我们自身的完美"相统一作为职业选择的最高价值标准,清晰地阐明了马克思的利他主义和实现个人价值相统一的价值观。当前严峻的就业形势要求大学生的就业

选择须顺势而为,积极、理性、务实地择业。一是毕业生择业应该志存高远,紧盯就业态势"风向标",紧跟就业政策"指挥棒",摒弃眼前短暂利益,抵制名利诱惑,端正就业态度,积极面对,摒弃观、望、等、靠的消极心理和不敢担当作为的逃避态度,不因贪图享受、爱慕虚荣左右职业选择。二是要从个人客观实际出发,听从内心深处的声音,主动出击、拓展就业方法和手段。选择的职业既要"脚踏大地"又要"仰望星空",摆脱思维定式束缚,客观地对职业进行判断,进而理性择业,最终作出符合自身价值追求和现实条件的选择。

2. 有效开展多渠道就业援助

高校应该有效化解高校毕业生就业中的重点、难点问题,对于不同区域、不同民族、不同性别、不同家庭经济情况的学生进行精准援助,特别关心求职学生的思想和心理状态,全方面提供强有力的就业援助。

(1) 提供有针对性的就业指导服务

高校毕业生基本上属于初次就业群体,对于就业市场把握不准,对于就业形势了解不全面,甚至对于自己擅长什么、能做什么都不能确定。高校肩负着为党育人、为国育才的重任,毕业生就业是对高校育人成果的实践检验,因此高校要从求职、面试、实习等方面为毕业生提供全方位、一体化的就业指导援助体系,在学校课程教育体系之外,补足就业指导工作,为实现毕业生高质量充分就业提供有力支撑。

一是根据社会发展对人才的需求,对大学生开展就业指导。高校扩招后,高校学生规模扩大,大学生就业压力增大。高校应适应当前的大学生就业形势,建立专门的大学生就业指导机构,配备专门的就业指导老师,利用网络课程、现实课堂、短信等形式,对高校毕业生开展全方位的就业指导,从简历制作、面试礼仪等方面传授技巧,增加就业砝码,引导大学生形成适应当前就业形势的就业价值取向。

二是加大培训力度,提升职业技能,提高大学生就业能力。大学生虽然具备职位所需的学历要求,但往往因为缺乏实践能力和操作技能而被用人单位拒之门外。可以依托一些职业技术院校和培训机构,采取课堂面授学习、小组讨论、实践活动等相结合的有效形式,广泛开展针对大学生的职业指导。培训内容可包括综合素质修养、学科应用和岗位工作实务等,通过这一系统的培训来提高大学生的职业技能。培训应具有针对性和个性化,针对学生的专业、学历,甚至性格、求职的方向等进行具体的指导,帮助大学生根据市场需求和专业设置特点,选择适当的项目参加培训,这样,才能给学生提供实质性的帮助。

三是有效整合校内外资源,凝聚毕业生就业援助支撑力量。一是深化校企、校地联动,积极拓展岗位,精准帮扶,切实发挥见习基地的作用。要逐步建立和完善高校毕业生就业见习制度,推荐一批经营效益和信誉好、管理规范的企业作为见习基地,公布见习单位名单、岗位、期限、人员要求等有关内容,形成见习与就业有效衔接机制,各方合力护航高校毕业生就业。二是要引导学生积极参与社会性社团,加强与社会的交流与接触。鼓励大学生参加一些对自己未来就业有帮助的社会团体,比如校友会、青年志愿者协会等,凭借成员身份获得更多社会资源,扩大就业信息来源,增加就业机会。

(2)积极开展心理援助

高校在提供强有力的就业指导服务的同时,还要关注高校毕业生的求职心理健康,并注意培养学生乐观自信、坚忍不拔的心理品质。在严峻的就业形势下,"就业难"容易使高校毕业生在求职的过程中碰壁,巨大的就业压力,使得高校毕业生求职碰壁后容易产生一些心理偏差,需要加强大学生的心理健康教育,调整好心态,缓解求职压力,树立健康、正确的求职观。

高校应关注高校毕业生求职中常见的心理偏差,提高心理援助工作的针对性。高校毕业生中存在的心理偏差比较多,就常见的心理偏差简单梳理如下。

一是自卑心理。自卑心理是缺乏自信的表现,自卑心理在一定程度上会影响毕业生的就业择业,比如求职过程屡屡碰壁,便过分看低自己,对于个人能力、学历、外貌等方面缺乏自信,就会产生自卑心理。

二是依赖心理。依赖心理又称惰性心理,它和自卑心理一样,也是不自信的表现,在高校毕业生中的主要表现是:遇到问题没主见,经常犹豫,总是想征求家人、朋友或是老师的意见才能定夺;在求职过程中,对于自己的特长是什么、能做什么、在哪里就业等问题不能有一个坚定的认识,缺乏独立能力。

三是焦虑心理。当前,大学生求职呈现出多元化的趋势,职业选择面大大拓宽。而在职业选择面增大的同时,毕业生面临着更多的选择,随之而来的择业压力也在增大。高校毕业生的就业是人生中的一项重要抉择,是人生选择的重要一步,但是有时候面临理想和现实很难两全,随着求职竞争的加大,危机感、迷茫感、恐惧感倍增,如果不能好好处理这些情绪,心理上会产生焦躁、沮丧、不安,受挫力有限,逆商不足。

四是从众心理。从众心理是指个人受到外界因素的影响,在自己的知觉、判断、认识上表现出附和公众舆论或多数人的行为方式。它在高校毕业生求职中的表现就是,在就业的认识和选择上容易出现偏差,产生盲从和跟风的现象。从众心理的出现,一方面源自招聘信息有限,个人接触到的环境比较闭塞;另一方面是毕业生不能很好地了解形势,对自己的未来没有进行有效的职业规划,致使出现从众心理。

面对高校毕业生心理方面的困惑,一是高校建立一支专门的就业指导队伍,提高专业化水平,并加强心理咨询队伍建设,配备专门的指导老师,为建立全面的就业心理援助系统提供必要的师资力量。二是开设职业生涯规划方面的讲座,帮助大学生树立正确的就业观念,分析自己的优势、劣势、危险、机遇,确定适合自己的发展方向。三是开设相关心理课程,让大学生正视即将面临的困难和压力,并学会一些自我心理调节的方法,利用宣泄人、宣泄墙、倾诉、呐喊、运动等方法发泄心中的压力。四是举办一些心理健康讲座、心理游戏、趣味心理测试与咨询等活动,对高校毕业生的消极情绪和不良认识进行积极引导和转化。五是针对个别案例,可以加强个性化指导,开辟面对面谈心、网上交流、书信等渠道多样、效果明显的辅导方法。

(三) 警惕求职陷阱,增强防范水平

高校毕业生在求职过程中,防诈骗意识比较薄弱,经验比较少,经常会遇到求职陷阱,防范求职陷阱成为"稳就业"的重要部分。人力资源和社会保障部曾多次发布警惕求职应聘陷阱的提示,如2019年,教育部、人社部围绕高校毕业生就业创业发布警惕求职陷阱提示,严厉打击招聘过程中的欺诈行为。高校作为警惕诈骗、规避风险的重要环节,要教育高校毕业生时刻警惕求职过程中的各种陷阱,比如虚假招聘、乱收费、扣证件、培训贷等,提高其防范意识,保障其生命财产安全。

1. 常见的求职陷阱

高校毕业生在求职的过程中,经常遇到的求职陷阱有以下几种。

黑中介。所谓黑中介,是指某些以介绍工作为名向求职者变相收取各种名目的费用的非法机构。黑中介的一个重要特点是信息渠道不正规。黑中介一般以街头路边的小广告、非正规网站招聘等形式出现,有时候就算是正规网站,也会因网站审核不严格给黑中介以可乘之机。针对这种骗局,求职者要通过正规渠道,诸如校园招聘会、政府主办的招聘会、正规的网站等,收集真实有效的信息,必要时要审核中介机构的备案登记信息等,如果面试地点可疑、不正规,要高度警惕,远离风险,以防被骗。

培训贷。随着校园贷的发展,除了在校大学生深受不良校园贷的危害,其"业务范围"也扩展到高校毕业生,换了"马甲",出现了培训贷。所谓培训贷,是指某些培训机构以高薪就业作为诱饵向求职人员承诺培训后包就业但须向指定借贷机构贷款支付培训费用。求职者要增强辨别和防范意识,参加培训前一要看培训机构是否具备培训资质,二要看其经营范围是否包含培训内容,三要看承诺薪资是否与社会同等岗位条件薪资水平大体一致;同时,要注意个人信息保密,身份证、验证码、密码、家庭住址等敏感信息一定不能随便透露,提高安全意识;而且还要提高防范意识,将培训材料等都保留下来,一旦发现被骗,要立即向有关部门报案。

乱收费。乱收费是指用人单位或者中介机构以工作为名向求职者收取报名费、服装费、体检费、培训费、押金、岗位稳定金、资料审核费等费用。乱收费是最常见的招聘陷阱之一，不少不良机构向求职者许以高薪，承诺工作轻松，但是以各种名目向求职者收取费用，得手后便提出各种苛刻的要求迫使求职者自动放弃。高校在这一方面需要做的是对高校毕业生进行常识教育：应聘工作本身并不需要任何费用，对于将先交报名费、培训费等作为条件的招聘面试都要谨慎对待；入职体检通常是要求求职者自行到二甲以上医院进行，正规单位不会代收体检费用。

传销。传销是指组织或经营者通过发展人员，要求被发展人员发展其他人员加入，对发展人员以直接或者间接滚动发展人员的数量为依据计算和给付报酬，包括物质和其他利益的活动。传销自20世纪80年代末传入我国以来，以"暴富"为饵，诱使一批又一批人误入歧途。传销强大的欺骗性迎合了大学生急于找工作的现状，面对传销宣传的所谓的高额回报诱惑，大学生往往缺乏有效辨识，常常因此落入陷阱。高校要加强宣传，宣传国家有关禁止传销的法规规定、传销的基本知识，提高学生的辨别能力，如通过查看企业营业执照、税务登记手续是否齐全来判断企业是否正规合法；了解企业营销模式，看其收入来源是人头费、加盟费还是产品正常利润。总之，不管是网络招聘、熟人介绍还是陌生人推销，求职者都要详细了解工作单位、工作内容、工作场所等信息，摒弃"天上掉馅饼"的不劳而获心理，提高警惕性，踏踏实实工作，自觉抵制各种诱惑，远离传销陷阱。

协议陷阱。协议陷阱也是很多新入职大学生会踩的坑，黑心企业往往通过口头协议、拒签协议、签订霸王协议等方式欺诈求职者。在签署协议的时候，有时候会遇到一些不合理要求，比如：因工作需要，公司要求员工加班时，员工不得拒绝、请假；女职工进入公司两年内不得生育。此外，有时候毕业生经过试用期，面临转正的时候，企业却以各种借口不予转正，直接辞退或是逼学生离职。面对这样的情形，要勇于保障自己的合法权益，必要时诉诸法律，不能向企业的不法行为、不法规定屈服。

扣留证件。扣留证件是指用人单位或中介机构借保管或经办社会保险、申办工资卡等业务名义,扣押求职者身份证、毕业证、学位证等证件原件。一旦这些重要的证件原件被企业非法扣留,后期会带来比较严重的问题,存在丢失、挪用的风险,而且企业也会以此为要挟索要"保证金""押金"等,求职者会处处受制于企业。高校毕业生在求职的过程中,如果发现用人单位有这样类似的要求,要高度警惕,不要受其蛊惑,不能轻易将个人原件交出;需要提供证件复印件的,要注明具体用途。如果证件已经被扣留,要向劳动行政部门举报,由劳动行政部门责令企业限期退还给毕业生本人,并依照有关法律规定给予处罚。

假兼职。假兼职是指某些诈骗人员打着高薪兼职、点击鼠标就赚钱、刷单返现等幌子进行金融诈骗。求职者不要轻信既轻松又赚钱的"好差事",应树立正确的求职观、就业观;同时,要注意保护个人信息,不要轻易泄露银行卡、网银和支付宝密码等信息,不要随意打开陌生网址链接。

2. 出现求职陷阱的原因

社会上之所以屡屡出现求职欺诈现象,就高校毕业生本身而言,主要原因在于缺乏社会阅历,辨别真伪能力有限;就社会而言,高校毕业生被欺诈现象跟当前社会治理水平较弱有关,职业中介、招聘会、网络平台等对招聘单位的审核把关不严格,往往流于形式,甚至有些临时性的招聘会举办方为了谋取利益,可能连基本的审核义务都不会履行,这使得欺诈行为有了可乘之机;从高校方面来看,相关职业规划、求职安全、法律保障等方面的教育宣传不足,教育力度不够,针对性不强,覆盖面不广,效果有限。

3. 防范求职陷阱的路径

求职欺诈案例花样百出,其中原因也比较复杂,高校在这一方面要积极发挥教育优势,具体可从以下几个方面加强高校毕业生的防欺诈教育。一是提高毕业生防范意识,通过大力普及求职安全常识、将求职安全教育纳入课程规划等途径,引起高校毕业生足够的重视,有效提高安全防范意识,尤其是在工作前就提及交费、贷款时,一定要谨慎。二是提高毕业生权益保障意识,一旦发现企业有不合理要求,要勇于拒绝,特别是个人合法权益受到侵害的情况下,可以向身边有经验的人或相关部门咨询和求助,要勇于拿起法律武器维护自身合法权益,可以诉诸仲裁、诉讼等,尽可能地保护自己,避免因求职而造成的伤害。

总之,要让高校毕业生从整体上对就业心理认知、就业情绪情感、意志力、就业与职业信念、就业行为多方面进行调适,强化心理素质的训练,以一种积极向上、乐观自信、平和的心态面对就业过程中的各种问题,视压力为动力,全面提高自身的能力,建立强大的精神自我,为顺利实现社会流动,甚至是以后的人生发展提供强大的精神动力。

三 企业层面

企业作为社会的经济组织,也需要承担起该有的社会责任。企业社会责任(Corporate Social Responsibility,简称 CSR)概念于 1924 年被首次提出,它是指企业在谋求股东利益最大化之外所负有的维护和增进社会利益的义务,它与经济责任、环境责任等一起构成了企业责任的内容。企业社会责任思想的起点来自亚当·斯密(Adam Smith)的"看不见的手",一经提出便走进人们的视野,随着社会的发展,其内涵也越来越丰富。

促进高校毕业生就业不仅是政府的责任,也是企业应当承担的社会责任,并且在劳动者就业质量方面负有直接责任。2020 年,习近平同志主持召开企业家座谈会时指出,企业家要带领企业战胜当前的困难,走向更辉煌的未来,就要弘扬企业家精神,在爱国、创新、诚信、社会责任和国际视野等方面不断提升自己,努力成为新时代构建新发展格局、建设现代化经济体系、推动高质量发展的生力军。在会上,他特别提出要主动为国担当、为国分忧,承担社会责任,努力稳定就业岗位,关心员工健康,同员工携手渡过难关。

(一) 企业承担社会责任的重要性

企业吸纳高校毕业生就业既是承担社会责任的体现,对于企业发展而言也意味着为企业提供了发展的新鲜动力,统筹好二者之间的关系,对于企业的长足发展而言非常重要。一方面人才是第一生产力,大学生是我国优质的人力资源,高校毕业生有着较高的科学文化知识水平,在我国现代化建设中发挥着重要作用。2022年,高校毕业生的供给量达到1 067万人,面对如此大量、优质的人才资源,如何将其吸纳、储备到企业现有的人才队伍之中,转化成为企业长足发展的人才动力,这是企业需要考虑的长远问题。另一方面国家积极鼓励企业吸纳就业,惠企政策力度大。2022年5月,国务院办公厅印发的《关于进一步做好高校毕业生等青年就业创业工作的通知》中提出,要支持中小微企业更多吸纳高校毕业生就业,按规定给予社会保险补贴、创业担保贷款及贴息、税费减免等扶持政策;对招用毕业年度高校毕业生并签订1年以上劳动合同的中小微企业,给予一次性吸纳就业补贴。

(二) 多措并举,切实承担企业社会责任

在这样的背景下,企业发展要紧紧抓住当前的政策利好,关键时刻发挥就业"蓄水池"的责任担当。

1. 产业结构优化升级,吸纳更多高校毕业生

企业要抓住"中国制造2025"、"一带一路"倡议、区域协调发展等重要发展机遇,紧跟国家政策调整,在产业结构优化升级中不断促进企业成长。第一产业重在农业,结合国家乡村振兴战略,发展乡村产业,促进农业技术结构升级,并结合当前我国的基层项目,吸引更多的高校毕业生到农村基层施展才华,成就梦想。第二产业重在智能化、信息化建设,淘汰技术落后、资源浪费、品质低劣、污染严重的企业,发展高新技术产业、信息技术产业、新能源、新材料以及生物工程和环保产业,通过制造业优化升级、改善工作环境、

提高工资待遇等方式来吸纳更多的高校毕业生。第三产业是吸纳高校毕业生的主要产业类型，所以应当对市场金融、现代化服务、智能交通、互联网行业方面投入更多的精力。第三产业的升级、专精特新企业的发展、中小微企业的壮大已成为稳就业的主体，企业提供更多的尖端岗位，可以为大学生提供更多高质量就业机会。

2. 努力挖掘岗位，尽到企业应尽的社会责任

提供高质量的就业岗位是企业社会责任的一个重要表现。一是企业要树立人才是第一资源的观念，在企业自身发展和安置就业两个方面尽好社会责任。二是企业要挖掘潜力、逆势储才，在全球经济不景气的大环境下，要积极挖掘自身潜力，创造出更多的就业机会，要广储人才，促进企业的转型，占领行业制高点。这既可以为企业发展提供人才和智力支持，又为缓解就业压力作出贡献，更可以把短期的高校毕业生就业工作与长期的人才强区战略紧密联系起来，为国家、社会分担就业难题，同时也为下一轮的经济繁荣打好基础。

3. 摒弃偏见，给求职者一个平等的竞争机会

对于企业来说，尊重劳动者的公平就业权是其承担社会责任的基本形式。企业尊重高校毕业生公平就业权主要体现在就业前和就业中，在这两个阶段，企业要树立正确合理的人才观，平等对待求职者的学历、户籍、性别、年龄、外貌等要素，给予其平等的就业机会。企业要对求职者的性别、户籍、年龄、外貌一视同仁，重学历但不唯学历，重名校但不唯名校，只要毕业生的知识和能力能胜任这一职位，就不必追求高学历，也不必追求211、985等名校。虽然高学历的毕业生、名校的毕业生会受到更好的教育，但并不等于他们的知识素养和能力水平更适合企业的岗位要求，对于高校毕业生要客观、公正地对待，不要将"过去"的标签贴到现实中来。过去不等于现在，更不等于未来，对高校毕业生要持宽容的态度、发展的眼光。对于求职者的待遇，包括薪资水平、晋升路径、工作条件、培训机会等方面要给予平等对

待,营造一个公平、合理的环境。

4. 创新招聘形式,线上线下相结合

当信息化时代遇到公共卫生安全危机,招聘形式就变得越来越多元化。受新冠肺炎疫情影响,线下招聘会减少,信息不对称让高校毕业生和企业无法有效对接。一方面是求职者不了解企业需求和岗位招聘情况,找不到适合自己的工作;另一方面是企业对求职者不了解,找不到合适的人才。企业可以通过网络招聘、校园招聘、市场化选聘等多种方式,多层次梳理企业未来发展用人需求,实施精细化招聘,对于特殊人才按照有关政策放宽招聘条件,向高校和社会敞开就业大门。

5. 加大校企合作,积极参与到高校人才培育中去

校企合作是学校与企业建立的一种合作模式。企业可以深度参与到学校的人才培养工作,建立校企共建产学研基地、人才实践基地,努力培养高素质创新人才和技术技能人才;通过人才定向培养,开展校企"订单"式合作,为企业提供所需人才,提高人岗匹配的精准度;深化顶岗实习工作,切实发挥学生到企业实习实践的作用,真正做到学有所获。

四 家庭层面

在社会学的范畴中,社会流动的界定通常以父母的社会经济地位为研究起点、以子女的社会经济地位为研究终点。从起点到终点的距离便是社会流动的程度,社会流动程度越高,也意味着社会开放度越高,对整个社会的发展也越有益。

近年来,关于"寒门"与"贵子"的讨论备受社会关注。从 2003 年的一句"我奋斗了十八年,才和你坐在一起喝咖啡"到今天被刷屏的"小镇做题家",所讨论的就是——究竟是"逆袭"还是"阶层固化"。2021 年,出生于一个小

山坳的中国科学院大学工学博士黄国平博士论文的"致谢"部分在多个社交平台走红,他写道:"我走了很远的路,吃了很多的苦,才将这份博士学位论文送到你的面前。"这些现象的背后都道出了家庭背景、家庭所拥有的资源对于子女社会流动的质量和速度具有重要影响。

(一)家庭资本在大学生社会流动中发挥重要作用

家庭资本对于高校毕业生社会流动而言是一个很重要的甚至是决定性的要素。家庭资本不但能影响一个人接受什么样的教育,还能影响他将来从事什么样的工作。社会学中的"资本"概念是由法国社会学家皮埃尔·布尔迪厄(Pierre Bourdieu)提出的,他将资本分为经济资本、社会资本、文化资本。同样的,家庭资本也可概括为家庭经济资本、家庭社会资本和家庭文化资本。其中家庭文化资本有很强的代际继承性,而家庭社会资本和家庭经济资本则在很大程度上影响教育资源、社会资源等各种资源的获得,这些因素都在很大程度上影响当代高校毕业生的社会流动。

1. 家庭经济资本的影响

家庭经济资本涵盖了物质资本、金融资本、自然资本等多项内容,家庭收入、住房、私家车及家庭的居住地区为衡量家庭经济资本的主要指标,家庭经济资本是家庭资本的基础。家庭经济资本影响家庭教育的投入,家庭相对富裕的城市孩子,能够享受更好更优质的教育资源,能上较好的学校,获得更大的教育回报;而家庭贫寒的农村孩子,能够得到的教育资源有限,则只能上一般的学校,获得较低的教育回报。此外,高收入家庭的经济资本较为雄厚,有能力控制、化解外来不可控因素带来的风险,风险管控能力较强,降低了向下流动的可能性,代际流动较弱。中等收入家庭的收入稳定性偏弱,向上与向下流动的机遇与风险并存,代际流动性相对较高。低收入家庭受初始资本的局限,向上发展的潜力不能得到有效释放,抵御风险的能力较低,持续贫困和返贫概率较高,代际流动性偏弱。

2. 家庭文化资本的影响

当前社会对于家庭经济资本对子女社会流动的关注较多,对于家庭文化资本对子女熏陶感染研究不多,对其重要性的研究也不够。父母对子女的文化资本投资往往对其最终的学业成绩有更为直观的影响。这种文化资本的力量,如教育期待等,正是文化在教育中的影响之所在。家风家训是一个家庭文化资本的集中体现。优良的家风支撑着家庭的和谐与平安,塑造子女的高尚品格和良好行为,更是后世子孙的宝贵精神财富。梁启超秉承梁氏家风,并结合时代需要,以独特的教育理念和教育方法,精心培养九个子女,谱写出"一门三院士,满庭皆俊秀"的佳话;老革命周智夫"不留金、不留银,只给后代留精神",这是他对子女的深沉大爱,也是传承的最好家风;钱钟书的父亲偏爱古书,钱钟书不仅深受熏陶,还将这种对知识不懈追求的优良家风传承给了女儿钱瑗。家风对于子女而言,具有很强的榜样性,通过家规家训固定家风,可以约束子女行为;家风具有很强的传承性,世代相传的家族精神,体现在内在的价值认同和外在的生活方式两个方面,价值认同是家风得以传承的基础,生活方式是外在表现;家风还具有很强的社会性,家庭是社会的最小细胞,家风家训是社会先进文化和家族传统文化的有效融合,最终要接受时代和社会的检验。

3. 家庭社会资本的影响

当前就业歧视有很多种,比如学历歧视、户籍歧视等,但是还有一种更常见的歧视,就是"看背景"。这里看背景就是看的家庭社会背景、社会资源。家庭社会资本存在存量差异、回报差异,而且还容易引发"马太效应"。在就业过程当中,当看家庭社会资本成为就业的一个潜在影响因素的时候,寒门子弟由于出身不好、家庭条件较差,便更加难以进入向上流动的渠道;而富裕的家庭、拥有更多的社会资源的家庭中的子女,则可以轻而易举地得到好的工作、好的收入,获得更好的发展,这更加加剧了社会的不公平,社会上阶层合理有序的流动变得更加困难。麦可思开展的"中国 2009 届大学毕业生求职与工作能力调查"结果显示,2008 届和 2009 届毕业生中的农民与农民工子女毕业半年后平均月薪在所有阶层中都是排在最后两位的。

(二) 发挥家庭资本在大学生社会流动中的作用

基于家庭资本对子女社会流动的重要作用,要积极发挥资本优势。通过有效利用家庭资本优势、规避或是转化家庭资本劣势来促进子女社会流动的形成。一是家庭经济资本是一把双刃剑,良好的家庭经济资本既能带来优质教育资源,使子女具有良好的德性伦理、责任伦理、利益伦理、权利伦理,为将来向上社会流动积累流动资本,但也容易形成父母对子女的过分溺爱,影响子女独立性、创造力的形成。较差的家庭经济资本,虽然能够提供的优质教育资源、社会资源有限,但是往往能磨炼子女的意志力、忍耐力,形成较强的独立性,养成勤俭节约的良好习惯。二是积极发挥家庭文化资本的作用。家庭在经济资本、社会资本上的劣势,可以通过家庭文化资本的有效发挥来弥补,比如家庭培养子女坚毅的品质,为了理想不懈奋斗的意志。家庭文化资本对子女的熏陶,在子女将来向上流动的过程中是非常重要的资本,因此,必须优化家庭环境、家风家训,促进子女成长成才。三是重视家庭社会资本建设,提高家庭对于社会资本的投资意识、维护意识。增加家庭社会资本存量,引导家庭合理使用社会资本,发挥社会资本的非制度优势;鼓励、引导和支持家庭发展社会组织,参加社团建设,比如在社区,可以引导家庭通过成立、加入居民合作组织的方式,增进邻里之间的交流与关系,拓展社交范围,增强信息互动,从而提高家庭社会资本。

五 个人层面

上述的政府因素、学校因素、企业因素、家庭因素,对于高校毕业生社会流动而言都属于外部客观因素,个人因素则属于主观因素。根据马克思的唯物辩证法三大规律之一的对立统一规律来看,高校毕业生社会流动自身所存在的个人因素是内部矛盾,即事物的内因;个人因素同其他因素的对立统一是外部矛盾,即事物的外因。高校毕业生社会流动的顺利实现,是内因和外因共同作用的结果,外因是基础,内因起决定性作用,外因作用于内因,通过内因起作用。所有的外部因素最终要通过内因起作用,因此,要积极发挥高校毕业生的积极主动性。

在社会学中,影响社会流动的个人因素,分为先赋性因素和自致性因素。先赋性因素是个人生而就有或是自然得到的因素,主要包括籍贯、性别、年龄、家庭资本、亲属关系、体质、智商、外貌等。自致性因素是个人经过后天学习和后天努力得到的因素,主要包括学历、知识、技能、工作经历、个人成就等。中国的社会是一个开放的社会,个人自致性因素的充分发挥,对于个人而言,有利于实现自身价值;对于社会而言,有利于促进社会流动、社会和谐,增进社会活力,实现人才资源优化配置。因此,要积极从多方面进行个人层面的提升,充分发挥自致性因素的作用。

(一)注重能力提高和知识储备,提高自身素质

当前高校毕业生社会流动之所以不畅,一个重要原因就是毕业生个人方面就业能力欠缺,相关知识储备不足,达不到用人单位的要求。因此,首先要在学校里尽量汲取更多的知识营养,充实自己,并加强和老师、同学之间的联系,探讨新知、回顾复习,形成系统、全面的知识体系和较强的思维能力。其次,要主动走出校门获取社会经验。利用节假日参加社会实践、兼职、实习、毕业设计等各种机会,加强社会交往,弥补自身社会经验的不足,提升就业竞争力,增强对职业岗位的适应性,形成通用性人力资本,从而在社会流动中占据主动。

(二)树立正确的职业期望,做好职业生涯规划

树立正确的职业期望。职业期望是人对某种职业的渴求或向往,它既

是个人内在职业价值观的外在表现,又是决定个人职业选择的内在动力源[①]。面对当前形势下的就业压力,高校毕业生要想树立正确的职业期望,必须进行SWOT分析,认清个人的优势和劣势,对自己合理定位;坚持务实的作风,从一点一滴做起,少说大话、空话、套话,树立踏实认真的态度;在就业方向、就业地区上不盲目攀比、跟风,要从自身实际出发,找准个人的发展目标。

做好职业生涯规划。职业生涯规划是个人在对自身的知识、能力、素质、就业价值观等主客观因素分析的基础上,确定自己的职业发展目标,制定不同时期的职业发展计划与实施方案。在大学生就业指导过程中,高校毕业生要充分运用有关职业生涯规划与职业发展理论,根据大学生心理发展特点和价值观形成特点,做好职业生涯规划,并将其贯穿在大学学习的全过程中。

(三) 树立正确的价值观,做到知行一致

打破就业价值观误区。大学生就业价值观是大学生在和社会职业双向选择的过程中进行价值评判和选择的准则。尽管越来越多的高校毕业生能够意识到就业价值观的转变,自己在一定程度上也认同这种变化,但是大学生在就业价值的评价标准判断上呈现出一种不确定性与矛盾性[②]。高校毕业生应该改变把经济发达地区、高收入行业、大型企业作为工作目标的做法,响应国家号召,到基层去、到东部去、到中小企业中去,改变高校毕业生在北上广等一批中心大城市人满为患,而对中西部、基层、农村的人才需求视而不见的做法。

加强就业价值观教育。就业价值观教育是大学生思想政治教育的重要内容,正确的就业价值观有利于大学生科学地规划自己的职业目标,是大学

[①] 吴谅谅,李宝仙.大学毕业生的职业期望及其影响因素研究[J].应用心理学,2001,7(3):18-23.

[②] 叶进,孟晓莉.浅议全球经济危机下大学生就业价值观培育[J].福建论坛(社科教育版),2009(6):106-108.

生就业工作的重要环节和思想基础。在当前形势下,高校毕业生在择业时不能仅将职业当作谋生手段,要更加关注自我价值的实现和未来的发展前景;不能仅追求职业的高稳定性,要逐渐形成和加强职业风险意识、职业流动意识;就业价值实现手段不再单一,要把灵活就业、自由职业、自主创业综合运用起来。

参考文献

1. 著作类

[1] 陆学艺. 当代中国社会流动[M]. 北京:社会科学文献出版社,2004.

[2] 张斌贤,王晨. 大学:社会分层与社会流动[M]. 北京:北京师范大学出版社,2007.

[3] 汝信,陆学艺,李培林. 2005年:中国社会形势分析与预测[M]. 北京:社会科学文献出版社,2004.

[4] 李强. 当代中国社会分层与流动[M]. 北京:中国经济出版社,1993.

[5] 李强. 社会分层与贫富差别[M]. 厦门:鹭江出版社,2000.

[6] 边燕杰,吴晓刚,李路路. 社会分层与流动:国外学者对中国研究的新进展[M]. 北京:中国人民大学出版社,2008.

[7] 欧阳恩良. 近代中国社会流动与社会控制[M]. 北京:社会科学文献出版社,2010.

[8] 彭拥军. 高等教育与农村社会流动[M]. 北京:中国人民大学出版社,2007.

[9] 汉斯林. 社会学入门:一种现实分析方法[M]. 7版. 北京:北京大学出版社,2007.

[10] 多博林科夫,克拉夫琴科. 社会学[M]. 张树华,冯育民,杜艳均,等译. 北京:社会科学文献出版社,2006.

[11] SOROKIN P A. Social mobility[M]. New York: Harper & Brothers,1927.

[12] SOROKIN P A. Social and cultural mobility[M]. New York: Free

Press,1964.

[13] 郑杭生.社会学概论新修[M].3版.北京:中国人民大学出版社,2003.

[14] 孙立平.断裂:20世纪90年代以来的中国社会[M].北京:社会科学文献出版社,2003.

[15] 陆学艺.当代中国社会阶层研究报告[M].北京:社会科学文献出版社,2002.

[16] 蔡昉.中国人口流动方式与途径:1990—1999年[M].北京:社会科学文献出版社,2001.

[17] 边燕杰.市场转型与社会分层:美国社会学者分析中国[M].北京:生活·读书·新知三联书店,2002.

[18] 李培林,张翼,赵延东.就业与制度变迁:两个特殊群体的求职过程[M].杭州:浙江人民出版社,2000.

[19] 许欣欣.当代中国社会结构变迁与流动[M].北京:社会科学文献出版社,2000.

[20] 古德纳.知识分子的未来和新阶级的兴起[M].顾晓辉,蔡嵘,译.南京:江苏人民出版社,2002.

[21] 陶东风.社会转型与当代知识分子[M].上海:上海三联书店,1999.

[22] 钟水映.人口流动与社会经济发展[M].武汉:武汉大学出版社,2000.

[23] 中国社会科学院语言研究所词典编辑室.现代汉语词典[Z].修订3版.北京:商务印书馆,2002.

[24] 朱力,陈如.社会大分化:南京市社会分层研究报告[M].南京:南京大学出版社,2004.

[25] 毛泽东.毛泽东选集:第一卷[M].2版.北京:人民出版社,1991.

[26] 岳昌君,等.全国高校毕业生就业调查报告(2019)[M].北京:北京大学出版社,2020.

[27] 麦可思研究院.就业蓝皮书:2021年中国本科生就业报告[M].北京:社会科学文献出版社,2022.

[28] 麦可思研究院.就业蓝皮书:2020年中国高职生就业报告[M].北京:社会科学文献出版社,2020.

[29] 习近平.高举中国特色社会主义伟大旗帜 为全面建设社会主义现代化国家而团结奋斗:在中国共产党第二十次全国代表大会上的报告[M].北京:人民出版社,2022.

2. 论文类

[1] 陆学艺.当代中国社会阶层的分化与流动[J].江苏社会科学,2003(4):1-9.

[2] 陆学艺.研究社会流动的意义[J].中国党政干部论坛,2004(8):18-20.

[3] 吴忠民.形成社会阶层之间的良性互动:社会分层中的公正规则初探[J].东岳论丛,2005,26(1):22-25.

[4] 张举正.从当代中国社会流动看当前大学生就业难问题[J].外语艺术教育研究,2006(4):37-42.

[5] 张六顺.我国目前失业的社会流动阻滞[J].理论观察,2001(3):16-18.

[6] 庞文.高校毕业生的社会流动及其影响因素分析[J].现代教育管理,2010(1):116-118.

[7] 杨建义.社会流动视野下高校毕业生待就业问题探究[J].福建师范大学学报(哲学社会科学版),2009(5):151-156.

[8] 赵呈戏.农村青年大学生的社会流动心理失衡和社会歧视[J].广西青年干部学院学报,1999,9(5):50-51.

[9] 马传松,李芳.邓小平社会流动思想的研究起点与内容体系[J].重庆社会科学,2010(10):45-50.

[10] 张宝昆,谭开林.大规模教育考试控制社会流动功能研究[J].北京联合大学学报,1998,12(4):97-109.

[11] 鲁小彬.试论当代知识分子社会流动的动力机制与特征[J].人文杂志,2003(5):134-140.

[12] 刘祖云.中国社会流动的现状与趋势初探[J].社会科学研究,1994(6):36-39.

[13] 周晓桂.我国社会流动的现状、特点及政治影响[J].安徽工业大学学报(社会科学版),2009,26(3):26-28.

[14] 赵建华.教育与村落的社会分层、社会流动的关系研究[J].聊城大学学报(社会科学版),2010(2):184-185.

[15] 周作宇.教育、社会分层与社会流动[J].北京师范大学学报(社会科学版),2001(5):85-91.

[16] 文东茅.家庭背景对我国高等教育机会及毕业生就业的影响[J].北京大学教育评论,2005,3(3):58-63.

[17] 周晓桂.和谐社会视阈中的社会流动探析[J].科学社会主义,2008(6):114-117.

[18] 张宛丽.当代中国社会流动机制探讨[J].中国党政干部论坛,2004(8):25-28.

[19] 范泽瑛,陈俊松.扩招条件下大学生就业问题初探:兼论高校就业指导工作创新[J].中山大学学报论丛,2004(2):27-33.

[20] 杨黎源.从先赋到后致:新中国60年社会流动机制嬗变[J].浙江社会科学,2009(11):8-16.

[21] 龚维斌.我国社会流动机制:变迁与问题[J].中国社会科学院研究生院学报,2004(4):64-69.

[22] 杨黎源.建国后三次人口大迁徙的流动机制比较及启示[J].探索,2007(3):114-119.

[23] 王振卯.转型期中国城市社会流动中先赋性影响因素分析:以南京的实证调查为例[J].浙江社会科学,2007(1):124-129.

[24] 张翼.中国人社会地位的获得:阶级继承和代内流动[J].社会学研究,2004,19(4):76-90.

[25] 易旋.金融危机下大学生就业的方向及指导[J].湖北经济学院学报(人

文社会科学版),2010,7(9):72-74.

[26] 陈永杰.大学生就业能力与社会不流动[J].武汉大学学报(哲学社会科学版),2011,64(3):81-89.

[27] 李煜.代际流动的模式:理论理想型与中国现实[J].社会,2009,29(6):60-84.

[28] 李路路.再生产与统治:社会流动机制的再思考[J].社会学研究,2006,21(2):37-60.

[29] 黄建新.社会流动的现状、原因和规则[J].嘉应学院学报,2008,26(5):58-61.

[30] 黄建新.社会流动:内涵、影响因素以及对策分析[J].莆田学院学报,2008,15(6):25-27.

[31] 徐德林.文化研究视野下的社会流动研究[J].重庆工商大学学报(社会科学版),2007,24(5):9-13.

[32] 陈新忠.国外高等教育分流与社会分层流动研究的特点及启示[J].清华大学教育研究,2009,30(4):59-66.

[33] 吴康宁.我国教育社会学的三十年发展(1979—2008)[J].华东师范大学学报(教育科学版),2009,27(2):1-20.

[34] 魏剑英.大学生创业就业视域中的思想政治工作:兼论毛泽东的就业思想[J].出国与就业(就业版),2011(13):48-49.

[35] 张青波,贾琼.高等教育与社会分层、社会流动相互关系浅析[J].晋中学院学报,2010,27(1):99-102.

[36] 孙祥.大学生就业区域流向及引导策略研究[D].合肥:合肥工业大学,2011.

[37] 熊建华,彭光芒.政策性引导与大学生就业去向的选择:基于传播学的视角[J].现代企业教育,2008(10):140-141.

[38] 曹汉林.成人高等教育学生社会流动现状及影响因素分析[J].传承,2010(12):92-93.

[39] 刘春香.家庭背景对高校学生职业规划的影响调查:以武汉高校为例[J].湖北成人教育学院学报,2011,17(4):13-15.

[40] 林南.从个人走向社会:一个社会资本的视角[J].社会科学战线,2020(2):213-223.

[41] 彭榕.社会分层与高等教育公平问题探讨[J].黑龙江高教研究,2017,35(3):111-113.

[42] 王晓艳.浅析就业政策4.0与大学生自主创业[J].中国成人教育,2017(9):82-84.

[43] 李路路,王薇.新社会阶层:当代中国社会治理新界面[J].河北学刊,2017,37(1):136-140.